新消费时代

独家揭秘全球18个消费巨头的经营之道

THE NEW AGE
OF CONSUMPTION

李康林

著

天图投资CEO
冯卫东

江小白创始人
陶石泉

霸蛮创始人
张天一

虎嗅网创始人
李岷

联袂推荐

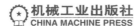

机械工业出版社
CHINA MACHINE PRESS

本书从投资和创业视角详细拆解全球 18 个具有代表性的、有很强借鉴意义的品牌案例，如女性运动品牌 Lululemon、环保运动鞋品牌 Allbirds、健身品牌 Planet Fitness 等，通过介绍这些案例，循序渐进地揭示消费品品牌成长的规律和路径——消费品可以通过品类占据消费者心智。

所有消费品从出现到真正成为一个品牌路径大体上是一致的，品牌存在的一个重要价值是降低消费者的决策成本、提高消费者的决策效率。这些品牌因何成功？顺应了什么样的趋势？瓶颈何在？看完这本书，你对消费品行业的认知将得到升级。本书适合找不到发展方向的创业者、亟须转型的品牌方，以及其他对新消费感兴趣的读者阅读。

图书在版编目（CIP）数据

新消费时代／李康林著. —北京：机械工业出版社，2020.8（2022.11 重印）
ISBN 978 - 7 - 111 - 65967 - 9

Ⅰ.①新…　Ⅱ.①李…　Ⅲ.①品牌战略-案例-世界　Ⅳ.①F279.1

中国版本图书馆 CIP 数据核字（2020）第 113407 号

机械工业出版社（北京市百万庄大街 22 号　邮政编码 100037）
策划编辑：胡嘉兴　　　　　责任编辑：胡嘉兴　戴思杨
责任校对：李　伟　　　　　责任印制：孙　炜
北京联兴盛业印刷股份有限公司印刷

2022 年 11 月第 1 版·第 9 次印刷
145mm×210mm·10.375 印张·3 插页·204 千字
标准书号：ISBN 978 - 7 - 111 - 65967 - 9
定价：79.00 元

电话服务　　　　　　　　网络服务
客服电话：010-88361066　　机　工　官　网：www.cmpbook.com
　　　　　010-88379833　　机　工　官　博：weibo.com/cmp1952
　　　　　010-68326294　　金　书　网：www.golden-book.com
封底无防伪标均为盗版　机工教育服务网：www.cmpedu.com

联合发起人

这是一本独一无二的、深度剖析全球消费标杆品牌
发展历程的洞见之书。

书中的每一篇文章，都给人巨大启发。俗话说"学
先进，走正道"。新消费时代的正道，已经清晰地
表述在本书之中。不管你读不读，我是读了三遍！

——霸蛮创始人　张天一

消费要升级，知识当然更需要。

李康林先生用他独立、客观的视角以及对消费品的
热爱，帮助我们在这个新消费时代里，更有效地进
行学习。

与其把这本书看成是他对投资和消费的思考，我更
愿意把它看成是"好学生的课堂笔记"。

——光良品牌官　老赵

联合推荐人

江苏吉家宠物用品有限公司崔佳　　　　鲍师傅糕点鲍才胜

江苏东峰电缆有限公司刘云峰　　　　　看山击水刘俊

苏州合众合文化传媒有限公司姚哲　　　赞思集团陈华滨

瑟尚 SDG Jennifer　　　　　　　　　仁菜网络乔帮主

二厂汽水 Kimi　　　　　　　　　　　什么哥卤味火锅林金辉

穆棉资本孙婷婷　　　　　　　　　　　遇见小面宋奇

小小动物元左强　　　　　　　　　　　落饮金鑫

启晨资本赵琳

预见商业的走向

《升级定位》作者　冯卫东

商业的魅力就在于它永远有创新和颠覆的机会。而在消费品领域，品牌的兴衰更是频繁发生，几家欢喜几家愁。探寻这兴衰背后的规律，预见商业的走向，是创业者、投资者的必修课。而研究消费品巨头的兴衰史，无疑是探寻商业规律的基本方法之一。

所有改变商业的力量，最终都会体现为对需求和供给两个方面的影响。消费者的收入、教育程度、时间特征、社会关系、话语体系、价值观，都是随着时代的变化而变化的。但这些变化并非无章可循，其中最重要的趋势性力量，就是"慢变量"。

"慢变量"是那些变化速度不快但方向恒定而持久的力量，因其"慢"而往往被人们忽略。比如人均收入，就是最重要的"慢变量"之一。只要不发生大的社会动荡，人均收入的持续而缓慢增长就是可预期的。人均收入的可预见增长就会带来一系列可预见的需求变化力量。

比如，人均收入增加，会带来顾客时间成本的提升，需求中的"便利性"权重就会上升。人均收入增加也会带来对教育的重视，从而导致教育需求增加，并使人均受教育程度提高。人均受教育程度提高，又会提升顾客审美水平，激发人们，追求个性化消费。

技术的总和也是一个明显的单向积累变量，我们可以预期物流、信息流、资金流的技术会越来越先进，效率越来越高，互联网、大数据、人工智能等基础设施性技术向各行各业的渗透是不可阻挡的，只是迟早的事。

在明确的"延续性"方向上，在位的巨头通常可以通过延续性创新维持其规模经济和品牌优势。但某个具体技术的发展或突破却具有不可预见的速度和方向，这带来了商业中破坏性创新的可能性，商业中很多新品类因此而诞生，而新品类则是新品牌的肥沃土壤。这是消费领域创业和投资的热土。

另外，虽然逻辑上消费品巨头在延续性创新方向上可以保持竞争优势，但每个巨头都会碰到成长的天花板。本书中举出了多个知名的全球消费品巨头，包括可口可乐、宝洁、卡夫亨氏、百威英博，都明显触及了企业成长的天花板。这背后的原因是更深层次的企业机制问题。

当企业无法依靠单一品类继续成长时，就必须多品类多品牌经营，面对多元化业务的管理难题。多元化的管理难题，从根本上说是缺乏企业家的问题。中小企业是企业家的企业，而多元化企业通常只有一个企业家，各业务单元由职业经理人管理，甚至一些多元化公众公司只有职业经理人。

新陈代谢是所有演化系统的根本特征，商业生态系统也不例外，生生不息，机会无尽。探索商业世界的规律，追求认知进步，并用资本杠杆放大认知红利，其乐无穷也。

天图投资在消费领域深耕 10 多年，创造了众多投资经典案例，逐渐积累起独有的商业洞察和理论体系。李康林先生作为天图投资合伙人，经历了天图投资聚焦消费品投资的探索历程，投资了众多新消费品牌并取得成功，本书是他对自己投资和商业思考的全面总结，值得细细品读。

改变自己，变成更好

重庆江小白酒业有限公司创始人　陶石泉

中国的新消费时代已经轰轰烈烈的到来，新的技术，新的生产力，新的用户，新的需求，都在发生巨大的变化，这是企业外部环境的变化。

从企业内部来看，创新与变化是企业存在的价值。企业之所以推动变化，从结果上看是希望创造更大的收入规模和盈利水平，而从原因上看，是为用户提供更好的产品和消费体验。在新消费时代，中国一定能诞生出一批新的、好的企业，要做到又新又好，企业和经营者需要改变自己，变成更好。

改变自己对于产品的看法，只有让用户满意的产品才能让企业真正面向未来。低质低价的产品没有未来，同质化的产品也没有未来。这需要我们经营者以着眼于长期价值的心态认真改善产品，要有追求极致的初心，要有为谁而做产品的思考：我们的产品是为了盈利而做吗？我们的产品是为了经销商而做吗？可能都不是，如果我们秉承产品是为了家人、朋友和自己而做的理念，结果会不会不同。这个初心就是"一心"，我在全公司宣讲"一酒一心，不二之法"的理念，我认为这比做市场调研、比做焦点访谈都重要。

改变自己对于时间轴的理解，改变自己对于公司发展快慢的理解。在战术上，我们有很多事情都需要做快；在战略上，我们却需要有足够的定力，很多事情需要做慢。大多数世界级的伟大品牌，都是经过几十年甚至上百年的积累发展起来的。企业切忌因为资本、因为攀比的虚荣心，而一味地追求战略发展上的速度。如果我们拉长时间轴来看消费品的周期，其真相是没有周期。

改变自己对于空间轴的理解，中国的品牌有能力成长为世界级的品牌。技术研发、供应链、人才结构、利基市场等条件完全成熟，我们要学会以全球视野思考问题和看待问题，慢慢学会走出去、引进来，加大国际化人才的储备，加大国际上的同业合作，尝试开拓国际市场。中国未来出现一批优秀的伟大品牌将只是时间问题。

我与李康林先生相识多年，他在投资领域深耕多年，撰写的这本书恰好是从投资的视角观察、研究实体企业和品牌的战略及战术，这个视角对经营者而言意味着一种更大的视野和格局，值得认真品读。

推荐序 3

时代的痛感不同了

虎嗅创始人、CEO　李岷

2019 年 2 月，我跟本书作者李康林在虎嗅办公室外的无用咖啡馆第一次见面。令我印象深刻的是，他作为一个投资人士，有一副明显被高强度健身"打磨"过的身材。虽是室内，但那也是北京的冬天啊，但他好像就穿一件短袖 T 恤衫，臂膀肌肉突出，一看就是精力充沛、活力十足。

介绍我们认识的是虎嗅 Pro 内容总监关雪菁。之前他俩已基本商议好，要在虎嗅 Pro 上开一档专栏，扫描全球特别是美国、日本、中国，写一系列新崛起的细分消费品牌。

这个专栏"落幕"后，集结成了现在你手中这本书。

当时我们推出这个专栏，只因痛感——时代不同了。

新一代消费者在不断更迭，浑身上下、从内到外，都需要从业者对他们全新打量与研究；渠道与物流在变，不言而喻；消费场景与交付方式在变，到店零售上门送货或按月订阅，不一而足；时尚偶像在变……此情势劈头盖脸，哪有老品牌不灭、新兴品牌不生之理？

这是传统与新兴之比。

而从跨国与本土的维度来看，传统全球巨头忙着整体转型自顾不暇，也正好是本土新创品牌的机会。论资本与品牌资产之雄厚，它们确实在劣势一方，但刚才说了，在新一代消费者那里，传统巨头所谓的品牌资产，多大程度上是品牌负资产、品牌负担，还真说不准；至于资本……如果真只是钱的问题就永远不是问题，李康林与天图投资，以及更多的"李康林与天图投资"，对中国的消费产业早迫不及待想下手甚至已经下手了。用那句俗话来说，只怕是所有的细分品类，都值得用新的品牌与方式重做一遍。

于是，"新兴×国货"，两条线的时运都在发生变化，逻辑上能催生出一大批品牌。

大逻辑至此，但如何提升新品牌创业成功的概率？这时，如李康林所说，"Know-How"变得至关重要。养乐多的单品之王是怎么炼成的？Lululemon 如何抓住品类红利、靠瑜伽服异军突起？中国超市里的隐形面包大佬何以能解决面包品牌的规模化问题……每个案例，都能为消费从业者、研究者带来深浅不同的启发。

坦白说，这不是一本秘籍，对任何品类的创业者来说，里面绝没有可以直接拿来就用的法则。世上也没有这样的秘籍。但你若恰是零售消费从业者，能读到这么一本由资深投资猎手为你全球猎来且精编细写的专业内容，已算难能可贵了——它帮你省时间、"嗅"蛛丝马迹、激发灵感。

这三点功效其实也是虎嗅以及虎嗅 Pro 想为用户创造的价值。

　　从做研究的角度，虎嗅 Pro 团队与李康林团队做的事儿类似，都是力图更早、更准地看到好的赛道与标的。只是他们以投资作为闭环，自然令我们这些纯以内容为营生的人羡慕。不过这次专栏合作，康林老师放弃了作为金融人的本色，不计酬劳，倾情出力，令我们颇为感动。在此表示感谢。

　　就在这个专栏结集筹备出版这半年，圈里又涌现几多新星，性感亮眼。消费王朝的迭代甚至还没到中局之时，我忍不住催康林老师快为专栏更新第二季了。

　　希望康林老师在健身运动之余，好好考虑下我的提议。

前 言
Preface

全球消费品巨头的死亡预言

仔细算来，我从事消费品行业投资已经十年有余。

大学毕业后，我的第一份工作是在投资银行，后来发现做一级私募股权投资对我来说更具挑战，便在 2010 年加入天图投资（简称：天图），就是曾投资（投资入股）周黑鸭、百果园、奈雪的茶、鲍师傅等品牌的天图，而天图也是国内最早从事股权投资的专业机构之一。

2012 年，天图团队在年会上对公司的历史项目做了深度复盘。在对历史数据进行分析和理性判断后，天图认为投资消费品领域是自身强项，也愿意在这个方向上继续努力，便确定了消费品领域的投资方向。此后，包括我在内的公司所有人都在这个领域内进行着持续深耕并探索搭建投资理论框架。

天图对消费品公司的定义为：在 C 端（终端消费者）有品牌露出，主要由品牌驱动而非技术驱动的公司。

"定位"是天图的投资理论核心。天图认为消费品可以通过品类占据消费者心智，因为在交易行为发生前，绝大多数用户的购买决策是受品牌驱动的。所有消费品从出现到真正成为一个品牌的路径大体上是一致的，品牌存在的一个重要价值是降低消费者的决策成本、提高消费者的决策效率。

1. 消费品巨头，尚能饭否

聚焦消费品投资这十年多时间里，我观察到宝洁、联合利华、玛氏等消费品巨头从以前的所向披靡到现在的有些经营无措，甚至在近些年，行业内还出现了消费品巨头将遭"团灭"这样的说法。

为此，我简单梳理出了当前这些消费品巨头的一些基本面状况，见下表。

	收入和利润	营运指标	策略和效果
可口可乐	2013 年以来，收入一直负增长 2013－2017 年利润也负增长，2017 年为−80%，2018 年+400%（2018 年的增长是来自于 2017 年的暴跌，实际还不够回归 2016 年的水平）	毛利率变化不大，维持在 60%左右 主要营运指标变化不大 股价近 6 年增长 35%	过去十年碳酸饮料下滑是不可阻挡的大趋势 2015 年之后，可口可乐把罐装业务分给下面的特许经营合作伙伴，主要业务变为卖浓浆 尝试无糖转型，效果一般。2018 年无糖饮品营收仅增加 8%，难挡营收下滑
宝洁	2013 年以来，收入都在负增长或维持不变。利润上除了 2016-2017 年有增长，其余年份都在下降。2018 年净利润−40%	毛利率变化不大，49%左右 销售净利率波动较大，不过整体没有体现下滑 主要营运指标变化不大，库存有减少 股价近 6 年增长 70%	品牌老化是主要问题 2012 年高管变动之后，受到电商影响，业绩一直下滑。新 CEO 上任开始走高端化、全渠道化，研发上花更多精力 2019 年初宝洁退市（只是从巴黎泛欧交易所摘牌，只占小部分，纽交所才是主力，但舆论影响比较大）

（续）

	收入和利润	营运指标	策略和效果
卡夫亨氏（2015 年重组）	并购重组比较频繁，很难从收入或者利润数据上进行比较。从 2018 年年报看，商誉减值严重	股价自 2015 年重组之后，2017 年达到小高峰，股灾之后暴跌至今没有回暖 这只股票是巴菲特踩的少数的大雷	因为采购会计和内控问题收到 SEC（美国证券交易委员会）传票，导致股价暴跌
百威英博	2015 年以来比较平淡，2017 年增长了 24%，其他年份保持平稳 净利润波动比较大，自 2015 年以来整体看是有所下降的	毛利率变化不大，60% 左右 销售净利率下滑净债务高达 1 088 亿元 股价自上市后就破发，自 2017 年小高峰（回本）之后一路下滑	随着啤酒集中度提高，主要面临高端啤酒品牌竞争激烈的问题（比如华润与喜力的合作） 百威以并购著称，但问题就是消化不良。收购全球第二大啤酒酿制企业 Sab Miller，导致公司现金流紧张，业绩也不理想

然而近五年，消费升级口号被喊得响亮，一批又一批新的消费品牌横空出世，却如彗星闪耀片刻，又归于"沉寂"。

当下，整个消费品行业中的新老玩家，集体游入深水区。

过去，品牌触达消费者的渠道很单一，通过不断加大媒体渠道投放和线下经销商铺货的力度，品牌就能"活"得很好，同时还能阻挡住新入局者的脚步，行业竞争格局很早就能确立，并长期保持稳定。宝洁、联合利华这些消费品巨头无不是采用如此做法，它们也因此在很长时间里所向披靡。

如今，消费者的信息获取渠道非常分散，大众对品牌的喜好也更加趋向"人以群分"。因此，以往的做法也不再那么奏效了。相应地，我们也看到一些在消费品巨头所向披靡的时代难以存活的小众品牌开始崛起，比如乳制品行业中的乐纯（后来被可口可乐收购）和简爱、白酒行业中的江小白、饮料行业中的二厂汽水等。

同时，随着大型电商平台和垂直电商平台的出现，线下渠道不断分化，产品的到达渠道更加多样，企业触达消费者的渠道越来越丰富，常会出现单一品类里多个品牌"一拥而上"的现象，新品牌层出不穷。

不同品牌方拥有不同的资源且使用资源的能力不同，竞争方式比以前更加多样，市场对品牌方的能力要求也更加复杂。以至于新生代消费品牌想要做大就要面临重重挑战，还得随时提防被更年轻的品牌后发赶超。

这样的市场现状，引出两个问题：第一，老牌消费品巨头真的会消亡、会被取代吗？这些巨头们还能找到新机会，继续所向披靡吗？第二，自 2000 年以来，消费品牌层出不穷，但成长为巨头者寥寥无几，对于它们来说，做大的机会和办法到底在哪儿呢？

2. 巨头究竟将被什么打败

关于这个问题，我先不给出自己的答案，而是抛出另一个问题：截至 2020 年，沃尔玛和可口可乐这两家企业分别有多少年历史？

答案是：沃尔玛 1962 年成立，有 58 年历史，目前市值 3 000 亿美元；而可口可乐诞生于 1886 年，拥有 134 年历史，目前市值 2 000 亿美元。

如今，正值"壮年"的沃尔玛，生存空间正被电商平台进一步挤压；而"期颐之年"的可口可乐，虽然在市场上总能听到对其的唱衰之声，它的基本面仍是平稳的。

中国的零售渠道变化则更为迅猛，然而茅台的市值却一直在上涨。

可以这么说，在消费品领域，如果能找到一个好产品，并且经营好它，持续一百年的时间也是完全有可能的。

让我们简单回顾一下宝洁的发展史，你会有更直观的感受，这是个颇为典型的案例——全球的消费品巨头无不是找到了一个独特产品切入市场，慢慢做大后，开始通过并购扩张，并使用同一套打法运营多个品牌，从而成长为巨头。

说起来，宝洁和联合利华都是被肥皂成就的公司。《经济学人》杂志索性写道：

"如果说在 20 世纪末期推动商业发展的强大动力是计算机和通信的话，在 19 世纪末期则是清洁和石碳酸皂。这 100 年，人们见证了从一个为保持清洁而出现的大市场到一个为保持联系而出现的大市场的发展过程。"

宝洁诞生于 1837 年的美国辛辛那提，靠卖肥皂和蜡烛起家。联合利华的两个前身则分别诞生于 1872 年的荷兰与 1884年的英格兰，前者生产人造黄油，后者生产香皂，二者于 1929 年合并。

1879 年，宝洁开发出一款颜色洁白、成本可控的香皂，定名象牙。后又研发出 30 余种不同类型的肥皂，并批量投产。

20世纪20年代，爱迪生发明的电灯已经非常普及，宝洁随即停止了蜡烛的生产。

1924年，宝洁成立市场调查部门，研究消费者的喜好以及购买习惯，这算得上是工业史上最早的市场研究部门之一。7年后，宝洁又创立了市场营销机构，由专门人员负责某一品牌的管理，使每一个品牌都有其独立的市场营销策略。至此，宝洁的品牌管理系统正式诞生。

20世纪30年代，收听广播节目在社会颇为风行。为了卖出更多的肥皂，宝洁在1933年赞助了广播剧Ma Perkins，在节目播放间隙插入其肥皂广告，此举为行业首创。为了照顾广告主的需求，这类广播剧往往要被刻意拉长，因此，"肥皂剧"一说的诞生，宝洁可谓"功不可没"。

1930年，宝洁并购了同样靠卖蜡烛、肥皂起家的英国公司Thomas Hedley，开始向海外扩张。1937年，宝洁在其创立100周年时年销售额达到2.3亿美元。此后，宝洁便以并购的方式不断壮大，在全球横扫不同品类的品牌。

2005年，宝洁出价570亿美元并购吉列公司。至此，两者共同拥有21个年销售额超10亿美元的品牌，成为世界上最大的日用消费品企业。宝洁主营女性生活用品，女性消费者占比80%，而吉列则以经营男性生活用品为主，两家公司刚好互补。合并之后，巴菲特和查理·芒格的伯克希尔·哈撒韦公司成为宝洁最大股东之一，持有其股票价值一度超过51亿美元。

在过去100年中，消费品巨头做大的套路基本没有变过，并且这些巨头几乎都活过了百年。为什么会这样？因为消费品行业的终极战场在于品牌打造，而品牌的打造路径是有共性的。对于巨头来说，只要发现新晋品牌的"有效作战单元"，采用并购的方式变成自己的企业就可以了。

其实，纵观消费品品牌的成长历程，你会敬畏时间的力量。

对于这些"老巨头"来说，穿越百年意味着它们所操盘的这些品牌已经服务过四五代人，它们观察过无数消费者从出生到死亡的全过程。换句话说，这些"老巨头"已经走完了一个完整的生命周期，积累了基于消费者洞察的经营经验与认识，而这些都是经过市场长期检验的结果。

不可否认，整个世界都处于一个前所未有的剧烈变革时期——科技颠覆了物流、信息流、支付流；很多人享受单身生活……这些变化正重塑我们的社会形态，而传统消费品巨头主导的时代更多是以家庭为单元来研发产品。

然而，无论从渠道、资源还是对产品的阶段认知来看，在很长时间里巨头们对于新晋消费品牌而言，其势能都是碾压式的。如果它们足够聪明、灵活和对时代变化充满敬畏，就可以不断并购新的品牌。

那么，消费品超级巨头会被什么打败呢？

在我看来，它大概率会**因自我傲慢、过分追求短期利益而走向衰败**。又或者，当人类社会的最小组成单位从家庭转为个人，所有人都要为自己设置独特的标签，单靠那种对泛受众群体投放的广告早已打动不了任何个体。消费者只关心某个品牌能否用他们认同的表达方式帮助自己完成个性表达。

显然，如果巨头没有准备好如何应对，就会被各种更灵活、对个体洞察更精准、与用户对话能力更强的中小品牌超越，甚至是打败。

3. "Know-How"的力量

行文至此，你可能会问："消费品巨头生死与我何干？"

其实，我刚才讲超级巨头们的故事就是为了告诉你，懂得"Know-How"的价值有多大。

100 年以后，如今这些大的互联网平台有大概率将不复存在了，但茅台、老干妈品牌应该都屹立不倒。

经过这些年的观察和思考，我发现，**只要人的生理结构不发生变化，他的消费需求就是持续和稳定的。而消费品牌要做的，就是想尽办法抓住这些需求。**

乍一看，消费品创业和投资都有点像玄学，不可捉摸。

举个例子，我和几个好朋友一起在大排档吃火锅，有一个朋友喊："我要一听王老吉，冰的。"店员却拿来了纸盒装的王老吉，朋友一愣说："我要的不是这种，是红罐那种。""我们只有这种王老吉，价格还便宜。"朋友沉默三秒后说："那还是来瓶啤酒吧，冰的。"

作为一名自认理性的消费者，我竟没有觉得朋友的选择有任何问题，在他喊出"王老吉"的瞬间，我脑中的场景已经固化为"一听红罐凉茶"。

再提一个场景，我和朋友在路边餐馆吃饭，店里有 20 元一瓶的 100mL 装江小白，还有 25 元一瓶的 500mL 装牛栏山二锅头。坐定后，两人共喝了七瓶江小白，共计 700mL 酒，花了 140 元。那么问题来了，为什么消费者宁可选择度数、口感都完全一致的小瓶二锅头，而不是价格上更便宜的大瓶二锅头，原因是什么呢？

我们知道消费者行为涉及个体、人性，背后是个复杂的心理决策过程，不可控点众多。比如"冲动消费""再买就剁手"，背后透露的正是人类消费行为的随机性。

但是，消费者的行为动机及决策机制是有迹可循的，马斯洛需求层次理论已经对此做了完整的总结。

4. 品牌战略链

站在消费品领域变幻莫测的当下，我尝试写下本书。

在本书中，我将从投资和创业视角详细拆解全球 18 个具有代表性的品牌案例，如女性运动品牌 Lululemon、环保运动鞋品牌 All Birds、健身品牌 Planet Fitness 等，当然也有耳熟能详的国内品牌。通过这些案例，我将循序渐进地向读者揭示消费品品牌成长、做大的规律和路径。

通过这十年多时间对消费品领域的深入研究，我得出几个结论，这些结论将会贯穿整本书内容的始终。

第一，从工业时代到信息时代再到移动时代，社会结构从以家庭为主体到以生物个体为主体，再到以标签个体为主体，消费的决策主体发生了本质变化。

第二，产品从渠道销售到品牌心智销售、情感认同销售，再到标签选择销售，消费交易的驱动理由在发生变迁。

第三，产品不断在进化，但这些几乎都是由新进入者完成的。

第四，人作为最小社会单位也在进化，包括：对所属消费价格带的自我认知；对个性化标签的自我认知等。

另外，通过观察历史超过百年的重要消费品牌，我也提出了一条品牌战略链假设与大家探讨。

消费品公司成功的要素不一而足，但成功的要素本身是有一条品牌战略链的。所谓品牌战略链，指的是公司战略的维度高低，战略维度越高的公司，其竞争优势就越强（即护城河比较深）。

这条品牌战略链中包含的元素有社会责任、合理场景、降低决策成本（决策便利性）、与消费者对话、消费趋势变化、新的消费群体、功能性强化、产品升级和技术进步等。根据其战略的优势强弱，这些元素可简单分为最高维度、高维度、中等维度和低维度四个层次，如下图所示。

如果这条品牌战略链的假设成立，那么也许可以更加有效地评估一个消费品品牌的护城河和长期价值。

最高维度	社会责任（每个人都面对的社会问题，个体无力解决，但仍希望对此有所贡献，强逻辑使得个体认为自己的消费行为将使整个社会更加美好），几乎无条件接受产品及品牌使命
高维度	合理场景（整个场景设计使消费行为成为构成场景的一个自然环节），比如传统超市收银处的口香糖
	决策便利（大量强功能性产品去品牌化，只需要在特定渠道下单即可），免除掉冗余品牌的选择障碍
	DTC（直接与消费者对话，产品成为服务加产品，可以搜集客户反馈），去掉中间商，使销售更真实，价格更真实，品牌直接面对消费者，进入改进产品的良性循环
	消费趋势变化（因为社会结构发生变化，比如女性更关注自身的健康、美丽），因此稳固的竞争格局被动摇
中等维度	新的消费群体崛起（有明显代际差异的年轻人群体逐渐成为重要的消费群体）
低维度	极致的产品功能（有特殊势能的区域品牌进入主流市场，迅速占据消费者心智，使整个竞争格局发生较大变化）
	传统产品升级（在品类完成充分市场培育后对传统产品进行明显可感知的升级）
	产品的高科技改造（传统产品的改造，使之具备更高的科技感，从而打破原有价格锚点）

品牌战略链

目 录
Contents

第一部分

开创新品类，
创造新市场

Part One

寻找并开创一个品类，能够创造全新的蓝
海市场。

持续努力，提升品牌护城河的深度，成
为品类的代表，能够带来巨大的成功。

1

第一章

Lululemon：小众运动品牌的突围之道

Lululemon 是谁？

Lululemon 是瑜伽爱好者狂热追捧的"运动休闲"品牌，也是 Athleisure（运动和休闲风）的缔造者，可以说是它掀起了整个运动/时尚服饰界的这股运动休闲风。在 Lululemon 火爆之前，没有女性会觉得穿运动装上街是件很时髦的事情。而如今，运动与时尚的融合已经成为主流。

Nike 与 Adidas 领跑运动服饰市场多年，几乎没有敌手。没想到 2000 年才在温哥华开出第一家店的 Lululemon，居然用了 19 年就跻身运动服饰市场前三（以市值统计）的位置，被它甩在身后的，是一众拥有几十年历史的知名品牌。

那么，Lululemon 是如何突围的呢？

01 __

我为什么想写 Lululemon

关注到 Lululemon，是因为这家公司是美股消费领域过去十年当之无愧的明星"牛股"，过去十年估值增长约 50 倍。截至 2019 年 3 月，其市值高达 174 亿美元，在全球运动服饰领域中市值排名第三，目前的动态市盈率（PE）仍然高达 50 倍。诚然，市场的热情源自其出色的业绩。

Lululemon 的营收从 2004 年的 1 600 万美元，增长到 2017 年的 26 亿美元。即便从上市后算起，其营收在 10 年时间也有近 9 倍的增长（见图 1 - 1）。

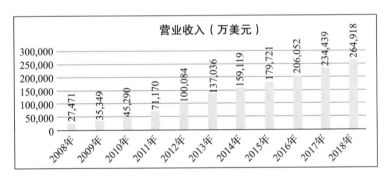

图 1 - 1　Lululemon 的营收增长

从 Lululemon 的市值排行、营收增长到运营坪效，其成绩都在行业中名列前茅，探讨这样一个公司的成功之路是很有意义的（见图 1 - 2）。Lululemon 能够得以快速成长和发展，是因为它抓住了新运动品类的红利，这是一个典型的案例。

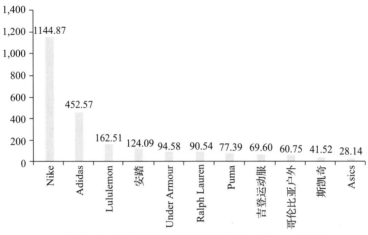

全球运动（休闲）服饰市场市值排行（单位：亿美元）

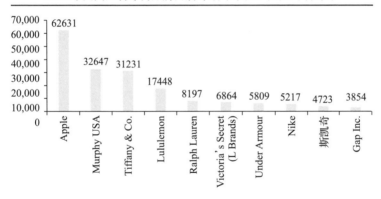

2017年美国知名零售品牌门店坪效（单位：美元/平方米）

图1-2 Llululemon 的市值排行和门店坪效

其实，有很多公司都是在品类的分化过程中抓住了新品类的机会。因此，我将借 Lululemon 这个案例重点讲述品牌如何抓住品类红利。

02

美国的运动发展趋势

运动之于人类的意义一直在变化，这也是导致运动装备公司的市场不断变化的关键。

进入 21 世纪之后，运动对于人们的意义不仅是竞技和娱乐，而且与减肥、健康息息相关。1962 年，美国的肥胖率是 13%，而在 1997 年，这一数字达到了 19.4%，2014 年，这一数字甚至上升至 37.7%（其中女性的肥胖率更高，为 38.3%）。根据美国疾病防控中心公告，这一结果其实是由"糖鸦片"造成的，即工业化时代食品饮料企业利用人造糖的成瘾性疯狂营销、攫取市场红利的结果。

于是，新时代下的一些美国人对于肥胖的认知是"富人瘦，穷人胖"。因为只有富人能够吃得起高价的新鲜牛肉、有机蔬菜，而穷人只能吃炸鸡和甜甜圈果腹；只有富人能够花钱去健身房、请私教，而穷人只能待在窄小的房间中无所事事。运动成为人们生活中的一种基本追求。

此外，近年来随着人们自我意识的进一步提升，越来越多的女性加入到运动行列中来，进一步推动了行业的发展，其中，又以健身这样的非竞技类运动为核心。相关数据显示，美国健身行业规模从 2000 年的 120 亿美元增长至 2016 年的 280

亿美元，其中，女性人群比例已经超过 60%。

所以，当今时代的运动，不仅包括体育竞技，更多的还有每日生活中与我们的健康息息相关的活动，比如非竞技类运动（跑步、健身等），对于这些运动不仅有男性参与，很多女性也参与。

03 _

瑜伽作为一个新品类，带来了红利

其中，瑜伽就是健身行业的一个重要子品类。瑜伽的兴起，归根结底有三个原因。

第一，瑜伽作为一种健康的生活方式被人们广泛传播，它既有减肥的功效又有塑形的功效，尤其受到女性群体的欢迎。

第二，在功效上，瑜伽可以提升柔韧性，是力量型健身方式的补充，瑜伽甚至在很多地方被使用到肌肉损伤的复健课程中。

第三，瑜伽的社交属性强，多为群体班/课，而且健身的场所不受限制。

自 21 世纪初开始，瑜伽在北美流行起来。美国参与瑜伽运动的人数从 2000 年不到 1 000 万人增长到了 2016 年的 3 670 万人，预计在 2020 年可以超过 5 000 万人。此项运动的快速普及也带来了相关设备、用品市场的增长，到 2016 年，瑜伽相关运动服饰市场规模已经达到了近 50 亿美元。

新的运动品类催生出新的商业机会。瑜伽运动和其他球类运动不同,它所需要的装备是全新的,所服务的人群需求也完全不同。而当时的运动巨头们(如 Nike 和 Adidas),主要关注的领域还是市场更大的球类运动和奥运项目类运动,所服务的也主要是男性群体。对于它们来说,瑜伽的市场规模太小,还不足以单独开辟子品牌或者系列产品来进军这一市场,这就为该市场中新品牌的诞生制造了机会。

面对瑜伽市场规模的不断提升和女性消费群体的增长,Nike 和 Adidas 显然都错估了这一波影响力。

直到 2014 年,Nike 才发布"Nike Women"战略,在纽约市首先开设了线下女性体验店。Adidas 则于 2016 年在维多利亚公园建立了一个"X 形"的 Pop-Up 概念空间,为年轻女性提供免费的健身训练体验(见图 1 - 3)。

图 1 - 3　Nike 线下女性体验店和 Adidas Pop-up 概念空间

可能是因为大公司的决策滞后,也可能是出于品牌整体定位的考虑,这些巨头们没法全力开拓女性市场。

女性参与更多的是非竞技类运动,对于服饰的要求也更高。在健身的过程中,她们需要能更好地展示身材,这些需求也是原有巨头们难以满足的。不管是 Nike 还是 Adidas，都采用的是单品牌战略，其男性化、竞技运动的标签难以去掉。市场需要更加适合女性运动的非竞技运动类品牌。

巨头们难以填补的新需求，就造就了这将近 20 年的新品类红利期。

04

Lululemon 和它的对手们比，做对了什么

正是在这样的大背景下，才出现了以瑜伽运动群体为主要目标客群的新创品牌。这些品牌区别于 Nike 等运动鞋起家的巨头们，以生产服装类产品为主（瑜伽不需要鞋子）。同时，因为瑜伽群体多为女性，所以它们在品牌设计、产品设计、宣传方式上也更偏重于女性群体。

20 世纪末期，两家以瑜伽为主要品类核心的公司Lululemon（加拿大）和 Lorna Jane（澳大利亚）最早看到了市场机会（见表 1 - 1）。

表 1 - 1　主要瑜伽运动服品牌的成立时间

品　　牌	成立时间	主要覆盖运动	核心产品	说　　明
Lorna Jane	1989 年	瑜伽、健身、跑步	运动服	一梯队
Lululemon	1998 年	瑜伽、训练、跑步	运动服	二梯队
Alo Yoga	2007 年	瑜伽	运动服	三梯队

（续）

品　　牌	成立时间	主要覆盖运动	核心产品	说　　明
Olympia Activewear	2012 年	瑜伽、健身	运动服	二梯队
Outdoor Voices	2013 年	瑜伽、游泳	运动服	二梯队
The Upside	2014 年	瑜伽、游泳	运动服	二梯队
LNDR	2015 年	瑜伽、健身	运动服	二梯队

　　Lululemon 在 1998 年创立于加拿大，创始人为 Dennis Chip Wilson，之前花了 20 年创建了一家售卖滑雪和冲浪装备的公司。随着 21 世纪初期瑜伽运动在北美快速流行，创始人找到了传统瑜伽服饰的痛点，针对此进行了科技升级和外观改良，让瑜伽服饰穿着更舒适、外观更加时尚，适应上班、健身、聚会等多种穿着场景。2000 年，Lululemon 在加拿大温哥华开设第一家门店；2004 年，Lululemon 以直营店模式在北美开店，经营业绩稳步提升；2007 年，Lululemon 在纳斯达克挂牌上市。

　　Lorna Jane 则是一个来自于澳大利亚的服饰品牌，其创始人 Lorna Jane Clarkson 女士就是一个"不老女神"，50 多岁还身材完美、面容年轻，可谓是当时的"网红"。她本人时常会登上该品牌的宣传册，而且也会出书介绍健康生活和饮食的知识。Lorna Jane 的名言是"Move、Nourish、Believe"，鼓励女性去行动、注意营养以及对自己有信仰。

　　Lorna Jane 的设计特点是鲜亮的荧光色。该品牌在 2008—2013 年保持了 40% 的年均增速，Lorna Jane 曾拒绝过 Under Armour 等公司的收购邀约，曾放弃过 IPO 计划，现在仍保持个人的控制权。2016 年，Lorna Jane 官方披露数据为估值 5 亿美元，拥有200家门店，门店的70%都在澳大利亚，20%在美国。

回头看这两家公司，Lululemon 相较于 Lorna Jane 最大的优势就是北美市场比澳大利亚市场拥有更大的地缘优势。此外，Lululemon 在资本化的进程中走得更顺利，得以成为瑜伽服装第一股，享受到了资本红利。

2007年，Lululemon 得以成功上市，市场的巨头们这才发现了瑜伽品类并不小众，而是隐含着巨大的商业机会，巨头们也尝试性地开辟了瑜伽系列产品。然而，2008年金融海啸来临，Lululemon 虽然在上市后获得资本支持，开始加速开店，营收倍增，但受到金融危机的影响，股价急速下跌，最低点时只有上市时股价的10%左右。这也让竞争对手们看到了机会，随后位于第二梯队的创新品牌在2007—2015年陆续在市场上出现。面临新品牌的竞争，Lululemon 凭借着出色的品牌策略，在面对众多新竞争者时依然保持了领跑的位置。

05 __
Lululemon 的品牌策略

1. 产品

在产品方面，Lululemon 做得更加专业。当时，市场上专门针对女性开发的运动服饰较少，针对瑜伽运动而开发的产品更是不专业。Lululemon 创始人利用几十年做运动装备的经验，将科技融入瑜伽服中，采用最新的面料制作，具有柔软、透气、排汗、舒适等特点，极大地提升了瑜伽服的穿着体验。

同时，Lululemon 还对设计、剪裁工艺、花色等方面做了大量研发，使得产品更加时尚，适合多种场合穿搭（见图 1-4）。

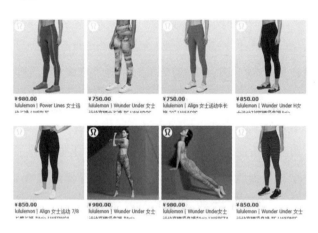

图 1-4　Lululemon 的产品设计

通过紧抓科技、时尚两大要素，Lululemon 迅速通过产品获得了用户的信任。在向运动上衣、短裤、配件等新品类扩充的时候，也牢牢遵循这一原则。

2. 定价

瑜伽运动的源点人群（高势能人群）多为中产女性，对品质要求高，有支付能力。因此，Lululemon 在定价策略上也极好地满足了目标客群的需求，同类型产品定价普遍是 Nike、

Adidas 的两倍以上（以瑜伽裤为例，Lululemon 的定价在 80~150 美元/条，而 Nike 的定价集中在 40~60 美元/条，在国内市场价格差距更大）。

更高的定价使得 Lululemon 在市场规模还较小的时候即可获得较高的毛利，从而促进业务的稳健发展。

3. 渠道

坚持直营开店模式。为了更好地得到消费者反馈，与传统体育品牌通过代理商销售模式不同，Lululemon 坚持以直销为主，公司通过开设直营门店展开销售，并通过更好的门店体验、服务保持品牌调性。

在 Lululemon 的门店中，经常会开办瑜伽体验课。在消费者选择服装的过程中，店员也会进行瑜伽知识普及和动作指导（见图 1 - 5）。

图 1 - 5 Lululemon 门店中的瑜伽体验课

4. 营销

不同于传统运动品牌重金邀请明星拍摄广告的模式，Lululemon 更多通过"口碑+KOL 营销"进行品牌传播。

初期阶段，Lululemon 通过深入社区，与瑜伽馆、瑜伽教练形成良好的合作关系，通过组织各种瑜伽活动来推广产品和品牌；优质的产品以及更紧密的情感联系，使得 Lululemon 在源点人群中迅速建立口碑，并不断传播。

其后，通过"大使计划"进一步推动品牌的传播。Lululemon 在全球各地寻找运动意见领袖帮助产品和品牌进行传播。

最后，找到知名度更广的明星进行更大范围的推广，例如，美国的明星艾薇儿、卡戴珊，国内的明星姚晨、刘涛等均是 Lululemon 的使用者。

通过由小到大，逐层递进的精准推广，Lululemon 建立起了一套低成本的品牌营销方法，并取得了极好的效果。

Lululemon 对于这些后来者的竞争壁垒，从供给端看，规模效应、要素垄断、学习曲线是三大供给端竞争壁垒。

具体来说，Lululemon 专注于瑜伽服饰产品的研发、生产，在细分品类上已经取得了一定的规模效应，在面料采购、产品生产等方面都具有一定的领先优势；同时，通过 10 多年的研发聚焦，在面料技术、剪裁工艺、花色开发等方面也积累了大量经验并申请了诸多专利，推高了学习曲线，让后来者进入的难度加大。

从需求端看，品牌效应、网络效应、迁移成本则是三大需求端壁垒。作为最早的专业瑜伽服饰品牌，Lululemon 享有更高的品牌谈论价值，并通过科技、时尚的创新定位，迅速成为品类代表，具有较高的品牌价值。

06

Lululemon 快速成长背后的风险与挑战

Lululemon 抓住了品类红利，快速崛起，但这 20 多年来过得并非平顺，甚至连其创始人 Chip Wilson 也被请出了公司。

因为此市场需求火热，Nike 和 Adidas 等巨头们也盯上了"运动休闲+女性市场"，Lululemon 的品类红利期也便宣告结束了，还一度面临极大的库存压力。如果不做品类突围，Lululemon 也只能是个相对小众的瑜伽服饰品牌。但 Lululemon 的野心并不止于此，Lululemon 要扩充产品线，这就意味着它要将旗杆插入巨头的大本营。

接下来，我们就来聊聊 Lululemon 这些年遇到的挑战及其未来的布局，最后再总结一下 Lululemon 对中国市场的借鉴意义。

1. 挑战及应对

2013—2017 年，Lululemon 公司内部出现了一系列管理问题：产品屡次出现质量问题被召回，CEO 被迫离职。与此同时，Lululemon 因开设子品牌而牵制了过多精力导致门店的坪效下降，过快地大幅扩充品类导致了库存提升。

其中第一件事，便发生在 2013 年年初，其主打产品瑜伽裤因面料薄、透，被消费者大面积投诉，公司只得召回产品。这成为一贯以口碑、品质立足的 Lululemon 一个大污点，还导致当时公司的 CEO Christine Day 被迫离职。

整体来看，在此内忧外患的情况下，公司虽然在营收方面仍有增长，但利润水平却大幅下降，并有几年时间出现利润负增长的情况。这也使得公司在二级市场的表现不佳，其股价三四年都徘徊不前。公司的应对方案是，2018 年关闭了子品牌门店，同时缩减业务线，通过产品升级重新找回用户。

另外，公司还寻找到两个新的增长点——国际化扩张和电商渠道。国际化业务扩张带来的结果向好，北美以外的业务规模已经远远超过了美国的业务规模，并一直保持快速增长。2018 年公司季报披露，公司电商业务收入已经占到整体营收的 25%，并且有进一步提升这一比例的趋势。

通过内部和外部的一系列变革，Lululemon 的营收、利润重新进入快速增长通道。此外，公司也积极拓展产品线，向其他女性项目延展，推出了训练、跑步等新产品线，试图成为整个女性运动服饰大品类的代表品牌。

现在，对于 Lululemon 来说，作为新品类代表品牌的这一红利逐渐消失，未来迎接 Lululemon 的必然是更多的挑战。不仅有公司内部的管理问题，还有即将面对的更多玩家加入该市场后产生的竞争以及进一步国际化过程中的困难。

2. 主要风险

（1）**扩品类风险**。Lululemon 经营瑜伽服饰起家，其在横向、纵向快速扩充品类，已经拥有瑜伽、综合训练、游泳、跑步等一系列服饰品类，同时还推出了男性服饰系列产品。

一般来说，向关联品类、弱势品类延伸是成功率较高的做法。但瑜伽、跑步、游泳都是有专业品牌的强势品类，Lululemon 的品类扩充选择具有一定的风险。

另外，"女性印记"是 Lululemon 的特点，也是它的市场差异化点，如果过多地推出并营销男性服饰产品，也可能会破坏 Lululemon 带给用户的认知，给后来者机会。

（2）**库存风险**。整个服装领域最大的风险来自库存。Lululemon 早期凭借"直销+专注于瑜伽品类"的少 SKU 战略，在库存周转方面明显领先于 Nike、Adidas 等品牌。但随着品类扩充以及全球化战略的实施，公司的库存规模、库存周转天数明显升高，带来了不良的经营信号。

（3）**竞争风险**。无论是大众运动品牌还是传统时装品牌，都在进入休闲运动市场。如果 Lululemon 不能持续提升自己的壁垒（规模、专业度、品类代表地位），就将面临更大的挑战。

目前，觊觎瑜伽和女性健身市场的企业中，除了 Nike 等运动巨头，甚至也包括时尚女装品牌。随着女性热爱运动的风潮越来越明显，UNIQLO、Forever21、ZARA、H&M、Gap 等时尚女装品牌均在近年来推出了各自的运动系列产品（见图 1-6）。以 H&M 为例，运动系列营收占比已经达到公司全部营收的 10%。

图 1-6 时尚女装品牌运动市场

07 __

中国市场的 Lululemon 学徒

Lululemon 的崛起带给国内创业者很多启示，同时，近几年国内快速兴起的运动市场也为国内女性运动服饰市场奠定了发展基础。根据 TalkingData 提供的数据，该市场的整体人群分布中女性占到 48%，而在北京、上海这样的一线城市中，女性甚至占比超过男性，达到55%。

根据《百货商业女子运动用品消费分析报告》，目前男性运动用品供过于求，女性消费者的需求很大程度上被忽视。根据天图的行业调研数据，女性市场占比近年来从25%上升到40%，女性运动服饰市场规模在300亿元至400亿元之间。

总而言之，中国目前的市场环境下，女性运动服饰市场存在很大的市场需求，国货品牌也依然拥有机会。国内近几年也出现了不少女性运动服饰创业品牌，并有不少品牌获得了快速成长和资本的青睐（见表1-2）。

表1-2 国内女性运动服创业品牌

	融资金额	投资方	定位
Maia Active	A轮数千万元 B轮4 000万元	红杉、华映、动域资本等	更符合亚洲女性身形的运动品牌
Partic Fever	A轮数千万元 B轮数千万元	比邻星、峰瑞、分享投资等	更具设计和科技的运动品牌
暴走的萝莉	A轮数千万元	动域资本	女性运动服品牌

来源：IT桔子、天图整理。

但不得不说，比起Lululemon早期发展时所抓住的瑜伽这一新品类的红利优势，这些新出现的品牌不得不花更多的品牌和市场投入，去和众多国内外品牌竞争，其发展道路也将更加艰辛。可以说，时至今日的Lululemon模仿者们所抓住的只是另一个市场的创业机会。

08 __
案例总结

总结一下，在品类分化出新品类过程中，最早做起来、最快做大规模的公司最容易将自己的品牌做成新品类的代表，从而占领用户的心智。而一旦有公司做到规模化，所有后进入的品牌则很难在这一品类上超越第一名的位置。

品类的分化是有规律的，分化出的品类往往是人们在原有品类中的某一个细分、小众需求的延伸，或者是因某些大的技术变革所导致的。

很多巨头都是凭借品类分化发展起来的，比如手表领域分化出奢侈品手表的过程中成为代表的 Rolex。找到这样的需求或者技术的变化趋势，或许能发现一个足够大的市场机会，就有可能做出下一个快速成长的消费巨头。

结合 Lululemon 的成功经验以及国内市场的实际情况，我也给出几点建议。

第一，找到一个有潜力的细分品类。中国运动健身人群规模正在快速增长，各个细分运动的消费市场也在不断增大，有着不少潜力充足的细分品类。参考 Lululemon 找到瑜伽服饰品类机会的路径，初创品牌应该以有限的资源寻找到最合适的品类作为切入点。

第二，清晰的品牌定位。在市场中找到差异化竞争的切入点，与现有品牌区隔开（更高端/更便宜），通过清晰的定位以及完善的运营配置，迅速建立起细分品类领导者形象。Lululemon 成功的关键是在行业快速崛起的时候抓住了品类红利，迅速成为品类领导者；而后来者虽然众多，却再难有类似的品类机会和足够差异化的品牌立足点，因此也很难复制 Lululemon 的成功。

第三，口碑营销。利用 KOL 在社交媒体进行品牌营销，抓住适合的新流量渠道，以较低成本开展营销推广。

第四，线上、线下相结合的销售渠道。Lululemon 以开设实体店切入市场，并增加电商渠道。而国内优异的电商环境促使大部分创业品牌都以电商渠道为切入点，但一个真正的品牌应该在所有可以触达消费者的合适渠道销售。不过，如何保持品牌调性、线上线下如何定价以及如何建立起完善的会员体系都是值得各品牌思考的话题。

第二章

桃李面包：货架上的隐形面包"大佬"

提到桃李面包，学生和职场人士应该对此不陌生。为了赶时间，他们在早上去小卖部或便利店里买个面包当早餐是常有的事。

在各大超市便利店中，桃李面包是最常见的食品之一，其名字和包装略显"土气"，并且品类单一。但这个带有朴实风格的品牌却于2015年上市，截至2018年，桃李面包（简称：桃李）的营收为48.3亿元，净利为6.4亿元，同比增长25.1%，远超行业平均12%的增长率水平。

这个数字看似没有互联网行业动辄几十甚至几百倍的增长率吸引人，但这类消费品品牌往往能有长达几十年的稳健增长期，借助复利成长为千亿规模的超级巨头，比如美国的可口可乐、日本的山崎面包、欧洲的雀巢和达能等。

由于长期专注于消费品投资，我也在积极在国内寻找有潜力成长为千亿巨头的消费品牌，如茅台、伊利、海天分别在酒、乳品、调味品行业"跑"出了一条漂亮的增长曲线，而桃李可能会成为烘焙行业的种子选手。

接下来，我将通过对以下关键问题的分析，给希望在消费品赛道上实现复利增长、建立护城河的新品牌们一些启发。

1. 从休闲零食到主餐，中国人的面包消费习惯有哪些改变？
2. 专注短保（短保质期）市场是桃李成功的核心要素吗？
3. 为了实现短保，桃李又做了哪些运营动作？
4. 直营与经销模式，桃李如何选择？
5. 如何发现蕴含在不经意消费行为中的商机？

01 __

中国面包市场

自古以来，中国人便以蒸、煮为主要烹饪方法，很少以烘烤的方式烹饪主食，另外中国人偏爱松软、偏甜的口感，这导致中国市场大部分面包向休闲食品方向发展，限制了面包总体消费规模的增长。

2017年，中国人均消费面包量为1.5kg，而英国人均消费面包量为31kg，美国人均消费面包量为14kg，差距非常明显且将长期维持这一现状。查看更具参考性的亚洲地区的数据，日本人均消费面包 18.5kg，韩国人均消费面包 2.4kg。

日本的面包消费习惯变化对中国面包市场有着一定的借鉴价值，日本的面包市场发展可分为三个阶段。

第一阶段：第二次世界大战结束后，长期受美国影响的日本学习西方将面包作为主食，饮食习惯发生改变（日本烘焙业龙头山崎面包也诞生于此时，它最初以做短保面包起家）。

第二阶段：20 世纪 60 年代，日本经济的高速增长使得人们的生活节奏加快，面包作为主食能更好地节约时间、提升效率，日本面包业由此迎来了一波高速发展期，面包消费在 20 世纪 90 年代超过米类消费，面包也成为日本第一大主食。在此阶段，山崎面包快速建厂扩张，截至 1976 年，它已在日本建成 17 家工厂，初步完成全国布局。

第三阶段：日本面包业进入稳定发展期，品类开始不断分化和创新。在此阶段，山崎面包推出面包店业务，满足当地更加多元化、个性化的消费需求，建立了良好的品牌形象，享受到了行业发展的红利，在行业中的市占率（市场占有率）达到 23.1%，远高于其他品牌。

与日本面包业发展类似，当下生活节奏加快、消费升级、西方餐饮文化扩散等因素使得中国消费者增加面包的消费量，且消费场景从休闲转向主餐，对品质和口感的要求提升，从而带动短保面包的兴起（长保面包保质期长，防腐剂含量较高，短保面包含少量或不含防腐剂，更有利于身体健康）。

虽然饮食习惯的差异依旧存在，但在行业发展红利期，中国面包的消费量将有近4倍的可观增长空间。在类似的行业背景下，中国一定也会出现自己的"山崎面包"，而桃李是我认为最有可能的一家。

02 ___
桃李面包有什么不一样

1. 押对短保赛道

1995年，60岁的吴志刚在退休之后看到家庭烘焙门店产量小的短板，于是建立了一家小工厂生产短保面包，仅用两年的时间便在辽宁站稳脚跟。之后，桃李以东北为基点，逐步向全国扩张，并于2015年成功IPO上市，成为中国"面包第一股"。

直到现在，桃李只有面包、月饼、粽子三种产品，且月饼、粽子只在中秋和端午前后生产销售，短保面包成为桃李主要的营收和利润来源（占95%以上）。

那么，短保面包是桃李成功的核心吗？

我们先来了解一下面包的三种细分品类：从保质期上看，面包有短保（1~7天）、中保（30~45天）以及长保（6个月）三种品类（见表2-1）。

长保面包以达利园、盼盼等品牌为主，其属性更偏向于休闲零食；中保面包以港荣为主要代表，其属性既包括主食也包括休闲零食；短保面包以桃李、宾堡、曼可顿和各大连锁面包店为主，其属性更偏向于主食。

表 2-1 面包品类的细分

种类	保质期	主要品牌	属性
长保面包	6 个月	达利园、盼盼	休闲零食为主
中保面包	30~45 天	港荣	主食、体闲零食
短保面包	1~7 天	桃李、宾堡、曼可顿、各大连锁面包店	主食为主

20 世纪，许多面包厂商为了扩大销售区域、减少损耗率，延长了面包的保质期，长保面包由此崛起。但长保面包主要作为零食消费，随着休闲零食种类的急剧增加，长保面包的优势逐步下降，且其防腐剂含量较高，消费者逐渐不再买账。

而短保面包新鲜、健康的形象提高了消费者的信任度，近年来销量增长迅速。除此之外，短保面包切入的是早餐市场，其具有购买便利、方便携带的特点，价格在 3~9 元的消费带，自然可以成为早餐的替代选择。美团数据显示，超过一半的消费者会购买面包作为早餐。

可以说，桃李初期切入短保面包赛道暗合了消费趋势，抓到了行业红利。

但短保面包有苛刻的保质期，给品牌的扩张提出很高的要求。桃李能够突围，则要从其经营模式说起。

2. 商业模式：追求规模、性价比

在烘焙行业中，根据企业的规模和销售渠道的不同，我们可以将商业模式简单归纳为两种。

第一种：中央工厂+批发分销。即在城市设立生产加工工厂，通过集中的物流配送，将产品批发给本地及周围的商超或经销商。优点是自动化程度高、规模效应显著，且由于大型商超的供应使得销售群体比较广泛；缺点是想要获取稳定的销售渠道非常难。代表企业有桃李、宾堡。

第二种：中央工厂/前店后厂+连锁店。即在城区周边设立工厂制作半成品或成品，再通过物流送到烘焙连锁门店进行现场加工和销售。优点是定价较高，毛利率较高；缺点是销售成本和管理费用相对较高，为了吸引对应的消费群体需要付出更多的营销和广告费用。代表企业有面包新语、好利来（此外，行业中还有线上品牌及个体经营模式，本文主要讨论以上两种）。

桃李一直固守较为原始的"中央工厂+批发分销"模式，在各地区设立中央工厂，以工厂为核心辐射邻近城市，再以各城市站点为核心覆盖各大连锁商超（KA 客户）以及便利店。

得益于较低的销售费用率和管理费用率，桃李销售净利率较高且十分稳定，这也进一步提高了其自身的生产标准化、控费降成本能力和规模效益（见表 2-2）。

相比较之下，元祖食品和克莉丝汀作为典型的面向 C 端的连锁烘焙店，需要很强的店面管理能力以及宣传营销，这从本质上决定了其成本结构（见图 2-1）。

表 2-2 2018 年费用率对比

项目	桃李面包	元祖食品
销售费用率	20.7%	43.4%
销售费用主要构成	人工成本、产品配送服务	人工成本、门店租赁、广告宣传
管理费用率	1.8%	5.6%
管理费用主要构成	人工成本	人工成本、折旧及摊销

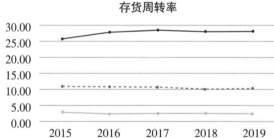

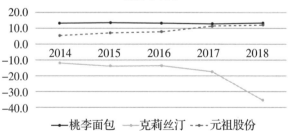

图 2-1 库存周转率和销售净利率对比

那么,采用"中央工厂+批发分销"的模式,桃李又是如何跑赢竞品的呢?

3. 是经销还是直营

我们可以用一个简单的图来展示桃李在经营模式和渠道上的配合度(见图2-2)。

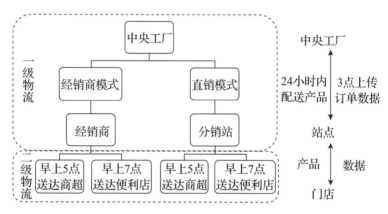

图 2-2 桃李经营模式和渠道配合

如图 2-2 所示,目前桃李主要有直营和经销商两种模式:一是针对大型连锁商超(KA 客户)和中心城市的中小超市、便利店终端,公司直接与其签署协议销售产品的直销模式;二是针对外埠市场的便利店、县乡商店、小卖部,公司通过经销商分销的经销模式。简而言之,就是对大客户采用直销模式,对小客户采用经销商模式。

为了提升两级物流之间的周转效率,桃李十分注重渠道建设。自 2014 年开始,公司便开始进行全国扩张。截至 2018 年年底，桃李已在全国 17 个区域建立了生产基地，并以此为中心向周边辐射，面向本地生产、本地销售；公司在全国的零售终端数目已达 22 万家，在北方地区基本可以渗透到乡镇级别，在其他地区也能渗透到中心城市。桃李还强化了区域生产基地之间的分工协作，将所需生产的品类合理划分到邻近区域的工厂，提升跨区域配送比例，由此降低单个生产基地生产的品类，进而降低生产成本。

通过对桃李的数据观察可知，自 2014 年起，公司经营分部间交易占营业收入的比重和配送服务费占营业收入的比重均逐年上升，这直接说明了桃李跨区域配送比例的提升（见表 2-3）。

表 2-3　桃李跨区域配送比例的提升

桃李面包	2014 年	2015 年	2016 年	2017 年	2018 年
分部间交易占营业收入比重	3.70%	9.28%	11.24%	13.68%	17.48%
配送服务费占营业收入比重	5.46%	6.80%	9.24%	10.56%	12.03%

一旦生产基地单批次产量加大，则工厂可以对面包的生产工艺和稳定性进行提升，最终推动前端销售。

4. 稳定管理架构的支撑

短保面包早上要到店销售，意味着渠道半夜就得行动起来，这无疑提高了对渠道敬业度的要求。另外，桃李的利润率水平十分稳定，对经销商吸引力强，这都会导致经销商培养难度较大，因此，经销商数量难以迅速扩张。

但桃李的特殊之处在于它是家族企业运营模式，有稳定的管理架构。

公司大股东分别为创始人吴志刚的三个儿子和妻子，其他重要的管理人员也基本是这几位大股东的配偶或兄弟姐妹，这样稳定的管理结构已经维持了多年。

此外，公司推行员工持股计划，激励到位，进一步保障了公司的稳定经营。

桃李管理层习惯掌握更多的控制权，因此渠道大多数是由直营团队组成，可以通过表格直观感受到桃李在直营模式和经销模式下的优势（见表2-4）。

表2-4　直营模式和经销模式下，桃李的优势

公司名称	直营模式	经销模式
桃李面包	根据门店进行管理	经销商制度具有排他性，只能卖桃李面包，且有规模限制
宾堡、曼可顿	根据不同商超体系进行管理	经销商可经营多种品牌短保产品及其他种类休闲食品

总体来说，桃李的渠道管理更为精细，虽然前期渠道建设较为缓慢，但是稳定性更强，业务人员对渠道的掌控力也更强。由长期与零售终端的直接接触，桃李对于销售的预测更加准确，不仅能提升动销速率，还可以降低损耗。

在高效渠道分工的配合下，桃李实现了终端的高速动销与

流转，并且不断提升配送频次，实现一日一配，在产销相互促进的情况下形成良性循环，摊薄各项费用，实现规模效应，拉开了与其他公司的差距。以上形成的壁垒使得桃李的龙头地位一时之间难以被超越。

03

"千亿"未来

桃李的发展与山崎面包非常相似：做短保面包起家，抓住行业发展红利，稳步扩张，每年保持20%左右的稳健增长。而山崎面包在2017年收入规模达到600亿元以上，同年的桃李营收为40.8亿元。那么，未来桃李的市场空间有多大呢？

考虑到东北地区是桃李的成熟市场，渠道深耕效果较好，可以作为全国市场扩张的范本，且公司目前已在全国大部分城市建立了生产基地，我们用以下三种方法进行合理预测（见表2-5）。

表2-5 桃李的市场空间预测

测算标准	测算过程	测算结果
以成熟地区为标准	东北地区人均消费额34.5元×预计全国城镇人口90 707万人	313亿元

（续）

测算标准	测算过程	测算结果
以发达国家为标准	日本人均消费量 18.5kg×桃李面包单价 39.1 元/kg×目前全国城镇人口 86 304 万人×山崎面包市占率 7.2%	450 亿元
以终端门店为标准	桃李终端平均销售额 21 969 元×达利终端数量 200 万人	439 亿元

1. 以成熟地区为标准进行测算

分析桃李在东北地区 2018 年的营业收入及该地区城镇人口数量得出，该地区桃李面包的人均消费额为 34.5 元。将这一人均消费额水平推广到全国（城镇人口大致按照每年 1% 增长率），则五年后中国城镇人口可达 90 707 万人，测算市场空间为 313.03 亿元。

2. 以发达国家为标准进行测算

前文提到，日本 2017 年人均消费量已达到 18.5kg/人，桃李面包的单价约为 39.1 元/kg。因此，按照日本发展水平可预测中国人均面包消费额为 281.5 元/人。目前，中国城镇人口数量为 86 304 万人（截至 2018 年年底），因此成熟市场总空间约为 6 249 亿元。对比日本烘焙行业，市占率第一为山崎面包（23.1%），市占率第二为 Shikishima（7.2%），预计未来中国的达利食品将仍保持市场第一份额，按推算桃李的市占率可达 7.2%，测算市场空间为 450 亿元。

3. 以终端门店数量为标准进行测算

2018 年，桃李的营业收入为 48.3 亿元，零售终端数约 22 万家，其平均终端销售额为 21 969 元。行业内另一巨头达利食品覆盖终端数量达 200 万家，营销网络布局较为完善。假设以达利食品作为标准，若桃李终端数量达到达利食品的水平，测算桃李的市场空间为 439 亿元。

相比目前不到 50 亿元的收入，按以上测算数据桃李差不多还有 10 倍的成长空间，未来有很大概率实现千亿市值。

04 __

可能存在的挑战

1. 复制的效率

自 2015 年上市以来，桃李开始全国扩张，通过各种募资手段增加产能、建立新的生产基地，同时加快了渠道建设。

扩张的结果直接导致公司销售费用攀升。2018 年，公司销售费用同比增长 32%，其中产品配送服务费用 5.82 亿元，同比增长 35%，广告及宣传费用 0.42 亿元，同比增长 30%。

尽管根据行业规律，费用的投放会存在 1~1.5 年的滞后期，且随着行业的成熟而逐步缩短。但在激烈的市场竞争下，桃李未来两年的收入并不能保证有可观的增速。

原因一，山崎面包在日本市占率高达 23%，而桃李在中国烘焙行业整体的市占率仅有 3.2%。未来，为了抢夺用户心智，桃李在进驻商超、广告营销等方面的投入会越来越多。

原因二，桃李的异地扩张也面临巨大的地域挑战。截至 2018 年年底，桃李共计 34 个全资子公司，其中 15 家在 2018 年是亏损状态，盈利能力较好的子公司大多位于其起家的东部地区。

原因三，全国扩张将对桃李的研发能力提出更高的要求，费用居高不下时，如果战略运用不得当，全国各地几十家工厂的产销率会怎样呢？

这样的重资产模式是否会成为公司未来发展的隐患呢？

2. 消费者的喜好变化

目前，烘焙市场上的几大巨头公司实际上把守着不同的细分市场。

好利来等面包品牌“中央工厂+自建连锁门店”的模式更加注重品牌与体验，而桃李所在的低端市场中，渠道和价格才是王道。

在消费升级的背景下，烘焙行业出现了很多新物种。除了新涌现的、主打网红单品的烘焙店之外，也出现了高端化、充满设计感的新烘焙连锁门店；还迎来了“面包+咖啡”“面包+茶”的新场景。

以喜茶与奈雪的茶为例，根据我的观察，消费者在到店购买茶饮时，往往也会顺带购买软欧包（软面包），二者消费频次基本持平。这样的消费场景同时也兼具了社交属性，预计会对传统烘焙行业造成不小的冲击。

而桃李虽然主推低端市场，究其本身还是在面对年轻人群体，在众多新场景的冲击下，是否还有那么多的年轻人愿意随手抓起一个桃李的面包来解决一天的早餐呢？

3. 传统早餐文化仍旧稳固

中国人对美食的喜爱和追求远胜于大多数国家，从饮食习惯上来看，包子、馒头、油条等热乎的早餐对大多数人更具吸引力，而桃李面包切入的也正是中国的早餐市场。

目前，市场上既有永和大王这种将中式早餐工业化的本土连锁餐饮企业，也有肯德基这样走本土化路线、卖起豆浆油条的西式快餐店。消费者拥有了更多的选择，短保面包可能不会在短时间内像预期一样对传统早餐文化产生强烈冲击。

05 __

对消费品创业者的启示

我们坚持认为消费赛道是最能体现世界"第八大奇迹"——复利力量的地方。企业只要看准了方向，长期坚持，日拱一卒，就足以缔造伟大的商业帝国。

　　所谓的方向，可能就隐藏在"早上随手抓起一个面包"这类不经意的消费行为中。需求在多元化、产品在多样化，但切入市场的核心是抓住衣食住行中最基本的需求，并且不断探索、深耕。

　　当你下次走进便利店，请留心观察：千亿巨头的成长故事，是否正在眼前发生？

3

第三章

"超级肉"产品：风口上的新市场是怎么被撕开的

以后，最纯粹的肉食信仰者们可能也要学着接受"人造肉"（又称"超级肉"）带来的抽象满足感了。

2019 年 4 月 1 日，汉堡王宣布卖"人造肉"汉堡。这不是一个愚人节玩笑，汉堡王真的在 57 家门店试卖这款"不可能的皇堡"（Impossible Whopper），并说如果产品卖得好，将推广到汉堡王全美 7 200 多家门店。

测试结果出来以后，2019 年 8 月 8 日，汉堡王正式在全美门店开卖"人造肉"汉堡。

这款汉堡的"人造肉"是由 Impossible Foods 公司提供，虽然由全素材料制作，但味道可以乱真。据尝试过此汉堡的肉食爱好者表示，虽然吃起来像肉饼，但始终无法带给自己吃肉食时的满足感。

赛百味也计划于 2019 年 9 月在北美 685 家餐厅尝试售卖"人造肉"三明治，"人造肉"由 Beyond Meat 公司提供。

随着一线连锁快餐企业引入"人造肉"产品，这个被生造出的新市场离消费者的日常生活更近了。

那么，"人造肉"是如何从不受重视到今天能侵入传统肉类行业的地盘的呢？将这一问题带到公众面前的，其实是有着"人造肉第一股"称号的美国一家生产和销售素食肉类的公司——Beyond Meat。

2019 年 5 月 2 日，Beyond Meat 登陆资本市场，定价 25 美元一股，开盘首日涨幅高达 163%，创造了 21 世纪以来纳斯达克的 IPO 首日最好表现。

随着市场关注度越来越高，公司的股价一路上扬，截至 2019 年 7 月 26 日，创下历史新高，接近 240 美元一股，市值超过 140 亿美元。

接下来，我们就通过对 Beyond Meat 的观察和分析，来分析一下这个风口上的市场。

1. 为什么会出现这个品类？

2. 该品类产品的发展趋势和市场前景如何？

3. "人造肉"能够获得市场如此高的关注和投资人的高估值的关键原因是什么？

4. 新兴消费品牌的底层打法有哪些类似之处？

5. 对于技术门槛较高的行业，是否有快速从研发到市场化的捷径？

本章，将对这些问题进行一一解答。

01 __

为什么会出现"超级肉"

其实"人造肉"的表述不是特别精确,因为新一代产品与传统的培根、肉冻、香肠等"人造肉制品"完全不同,或许"超级肉""科技肉"作为品类名更为贴切,在后文中我们将其称为"超级肉"。

要想弄清楚为什么会出现"超级肉",我们首先了解一下传统肉制品的行业情况。简单总结就是:行业规模巨大、需求持续增长、生产效率无法进一步提升。

1. 行业规模巨大

肉类产品的市场规模绝对值高达 8.8 万亿美元,约占 2018 年全球 GDP 的 10%。整个产业链贯穿上游饲料生产、中游肉制品加工以及下游的批发零售,与肉制品生产直接相关的产业规模高达 1.9 万亿美元(见图 3-1)。

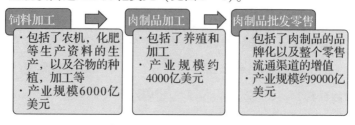

图 3-1 肉制品产业链

即便只有10%的市场被其他产品替代，也能催生出一个千亿美元的新市场，正是如此巨量的市场想象空间吸引了大量肉类替代品的进入，其中就包括"超级肉"。

2. 需求持续增长

即便已经达到了万亿美元级别，全球的肉制品需求还在不断增长。主要有两个原因：第一，全球人口仍在持续增长；第二，随着各国，尤其是发展中国家经济水平的不断提高，国民对肉制品的消费需求不断提升，人均肉制品消费逐年提升。

然而时至今日，整个行业的生产效率却碰到了天花板。

首先，从上游饲料加工方面来看，原料谷物的生产能力基本见顶，很难再有提升空间。一方面，生产空间有限，可耕地面积不断缩减。到2050年，人均耕地面积将从1970年的0.38公顷减少到约0.15公顷；再加上水资源的紧缺，耕地面积扩张不可持续。另一方面，生产效率已到极限，难有更大提升空间。

其次，从畜牧和加工方面来看，面临的挑战也越发明显。例如，为了避免禽畜感染流行疾病，美国大型养殖场都会使用抗生素，但这会使食用这些肉制品的人产生抗生素耐药性，给人体带来重大健康风险。再比如，大规模养殖带来的污染已经超过了自然可承受的范围，破坏了自然生态，需要进行人工干预，从而导致额外的环保处理投入增加。

最后，部分动物保护主义者对于动物伤害持零容忍的态度，以及媒体开始对工业化屠宰的各种负面报道，不断阻碍畜牧养殖和屠宰效率的提升。因此，农业和肉类产业已经尝试通过进一步提高生产效率解决这些挑战。例如，数字化种植可以在不增加投入的基础上使农业产量增加 20%~30%；数字化养殖则将动物达到屠宰重量所需的饲料消耗量减少 10%。

但从长远来看，单凭提高传统肉制品生产的效率已无法应对食物系统所面临的紧迫挑战（见图 3-2）。

因此，人们思考是不是有从根本上解决这一问题的办法。

图 3-2　肉制品能力转换率

目前，全球 37% 的谷物被人类直接食用获取能量，更大一部分被用来饲养动物并产出肉制品，但中间的损耗巨大，只提供了相当于 7% 左右的能量。如果没有其中的能源转化损耗，理论上现有的食物供给已经能够养活至少再多一倍的人口。

同时，如果合理搭配谷物类产品摄入，基本上能满足人类所需的所有营养标准，理论上能达到完全不需要吃肉的状态。因此，减少甚至去除中间的肉制品生产、加工环节成为解决长期食物供给问题的一大方案。

但由于肉制品独特的口感，又使人们无法完全舍弃，因此能提高中间食物能量转化效率，同时又能满足"好吃"的肉类替代品不断被人们开发出来并推向市场。

3."超级肉"的分类

简单来说，目前"超级肉"可划分为两类。

第一类，植物基"超级肉"（新型纯素肉）。该类"超级肉"完全通过植物性原料生产，不需要任何动物性相关的原料。

从原理上来说，这与 1 000 多年前中国发明的豆腐可谓同宗同源。不同的是，传统的素肉制品如豆腐、素鸡、素鸭等，只是简单利用大豆、麦麸等植物制作，口感上与真肉差别巨大，不能作为真肉的替代品。

但新型纯素肉采用了极为复杂的生产工艺，添加了通过发酵技术从植物中提取的血红蛋白和黏合剂，可以模仿真肉的外观和口感，带来与食用真肉相似的体验。

从 2010 年开始，很多创业公司进入该领域，如 Impossible Foods 和 Beyond Meat 等公司。

相比传统肉类，植物基"超级肉"有着诸多优点，比如降低健康风险、降低二氧化碳排放等。

第二类，细胞培育肉。细胞培育肉也被称为人工培育肉，是最近几年才发展起来的"超级肉"，是在生物反应器中通过细胞指数级增殖产生的。

制作过程是：首先从动物活体上提取细胞，然后用培养基促进细胞繁殖，分化出肌细胞和脂肪细胞，最后用三维细胞支架材料让肌细胞和脂肪细胞长成肉。

细胞培育肉在结构上和真肉没有本质区别，口味相似，在培育过程中还可以控制营养成本的含量。但目前还处于实验室阶段，尚未商业化销售。

由于新型素肉和细胞培育肉在外观、口感等方面更接近真肉，目标用户广度大幅增加，不仅仅是作为素食主义者的选择，更可以成为一般吃肉消费者在追求更健康、更环保、更人道主义饮食的一种选择，是未来作为万亿级肉类市场替代品的主要竞争者。

虽然新型素肉和细胞培育肉在生产方式上有所不同，但共同的特点是，相比于传统肉制品大幅提升了资源利用效率。

以每千克产出相同热量为准，之前提到谷物向所有肉制品的转换率仅为7%左右。细胞培育肉所需的原料和水要少得多，生产1kg细胞培育肉需要1.5kg大豆、豌豆、玉米或甜菜，转换率高达70%。随着技术和生产方式的进步，转换率还将进一步提高，生产1kg纯素肉类替代品需要1.3kg种植作物，转换率为75%。

4. "超级肉"的市场空间

目前，这些"超级肉"的市场规模已经达到50亿美元，并且保持快速成长趋势。

新型素肉的生产工艺相对成熟，产品的零售价格已经接近传统肉制品（汉堡王的"超级肉"汉堡比普通汉堡贵1美元，却能减少了15%的脂肪以及90%的胆固醇摄入；Beyond Meat 的产品零售价约为12美元/磅），会成为中短期内真肉替代的核心品类。

细胞培育肉在口感方面更胜一筹，长期竞争力更强，但短期内由于高昂的生产成本（2 400美元/磅），产品的售价远高于传统真肉（美国超市牛肉售价5～10美元/磅），难以进入市场。

随着技术的提升，细胞培育肉的生产成本可以快速降低。根据专家预测，未来12年内，细胞培育肉的价格将降到20美元/磅左右，到达消费者能够接受的价格带。

根据科尔尼的分析预测，未来细胞培育肉规模将远超新型素肉，两者合计代表的肉类替代品将超过传统肉制品的消费规模（见图3-3）。

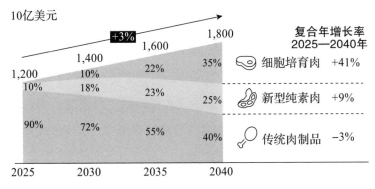

图3-3　各种肉的增长预测（数据来源：科尔尼）

当然，"超级肉"的发展也并非一帆风顺。截至目前，世界各地的大多数食品监管机构对于细胞培育肉还是不能接受的。2018 年 11 月，美国农业部（USDA）和食药监管理局同意共同规范细胞培育肉行业，这才迈出了细胞培育肉合法化的第一步。

"超级肉"吸引眼球的概念以及潜在的巨大市场空间，不仅吸引了大量传统肉制品巨头的加入，也引来了如比尔·盖茨、理查德·布兰森、谢尔盖·布林、莱昂纳多等名人以及众多全球知名投资机构的投资。截至 2018 年，行业累计获得资金支持近 10 亿美元。

在这样一个有望达到千亿美元市场规模的赛道，当然会有很大概率跑出独角兽公司来，比如 Beyond Meat。

02 __

"超级肉第一股"——Beyond Meat

Beyond Meat 是美国一家生产和销售素食肉类的公司，通过将植物衍生的氨基酸、脂类等原料适当组合，制作形成具有真肉类似口感、营养成分的产品。

Beyond Meat 是美国发展最快的一家食品公司。

2009 年，公司成立。

2010 年，设立工厂，开始研发相关产品。

2016 年，推出了明星产品"Beyond Burger"，无论在外观、烹饪方式还是口味上，都和真正的牛肉汉堡接近，取得了巨大的市场反响。

2017 年，与零售渠道 Kroger 全面合作，并与餐饮巨头 A&W 合作，在菜单上推出"Beyond Burger"产品。

2018 年，开始全球化扩张，进入欧洲地区的销售。

2019 年 5 月，顺利登陆纳斯达克，市值成功突破百亿美元。

1. Beyond Meat 的股东和董事

Beyond Meat 的股东阵容可谓豪华，既有像 KPCB、Obvious Venture 这样的顶级投资机构，也有像莱昂纳多、比尔·盖茨这样的超级名人。同时，公司的董事会也是人才济济，除了公司 CEO、CFO 等核心团队之外，还有领导甲骨文上市的 Raymond J. Lane、可口可乐公司前 CFO Kathy N. Waller、麦当劳前 CEO Donald Thompson 等名人（Impossible Foods 同样拥有谷歌风投、淡马锡等顶级投行，以及李嘉诚、比尔·盖茨等名人支持，但运营团队相比 Beyond Meat 稍弱）。

顶级投资人和顶级企业家团队支持，是 Beyond Meat 能先于 Impossible Foods 上市的一大原因。

2. Beyond Meat 的产品

目前公司有四款核心产品，分别为"Beyond Burge""Beyond Beef"" Beyond Sausage" 和 "Beyond Crumbles", 前面三个是即开即食的新鲜产品,最后一个是加热即食的半成品产品(见图 3 - 4)。

图 3 - 4 Beyond Meat 的核心产品

随着明星产品 "Beyond Burger" 销量的快速增长,即开即食的新鲜产品在公司内所有产品整体的占比快速增长,超过了80%。其中,Beyond Burger 单款产品占比 70%。

产品研发是 Beyond Meat 能取得成功的关键之一,公司在研发方面投入大量人力、财力。截至 2019 年 3 月,公司有 60多名科学家、工程师、研究人员和专业厨师进行新产品的研发,并且计划每年至少开发一种新产品。

同时，Beyond Meat 不断推进现有产品的改造进程，比如更好地模拟脂肪组织、寻找替代功能蛋白质、寻找更优质的封装材料和技术，以及开发更好的口味。

公司每年的研发费用占到整体营业开支的 20% 以上，其上市后募集的资金也有很大一部分用于研发。

3. Beyond Meat 的渠道

Beyond Meat 不是简单的食品加工企业，而是一个拥有核心生产技术的食品品牌。公司不依赖某个单一渠道，而是希望全方位触达用户。因此，在销售渠道上覆盖 B 端和 C 端。

根据公司招股说明书显示，Beyond Meat 的主要销售渠道分为三块，即零售、餐饮以及国际市场。从销售额来看，目前以零售为主，但其在餐饮市场的销售增长更快。

（1）**零售**。早在 2017 年，Whole Foods 开始在门店销售 Beyond Burger，随后 Safeway 开始在全国门店推广 Beyond Meat 的产品，随后更大的零售渠道 Kroger 上线公司产品。

截至目前，Beyond Meat 产品已经进入大部分美国零售渠道，并通过几个食品分销商进驻了 17 000 余个销售终端。2018 年，公司前三大分销商合计占据公司零售收入的 60% 以上（UNFI32%、DOT21%、Sysco13%）。

（2）**餐饮**。Beyond Meat 通过与各类连锁快餐店合作，快速铺开了餐饮终端的市场。2017 年，公司合作餐饮终端已经超过 12 000 个，其中有 A&W、Bareburger、BurgerFi、TGI Fridays、Veggie Grill 等知名餐饮品牌。

同时，公司还在继续拓展新的餐饮合作渠道，比如迪士尼、乐高等乐园以及凯越、万豪、希尔顿等酒店集团。快速的渠道拓展，帮助公司过去三年销量增长超过 800%。

（3）**国际市场**。通过国际分销商，Beyond Meat 进入了澳大利亚、新西兰、以色列以及中亚等国家和地区，公司的国际业务占比从 2017 年的 1% 快速提升到了 2018 年的 7%，未来预计还将继续提升。

4. Beyond Meat 的品牌营销

公司不同于传统肉制品品牌通过电视、广告等方式进行市场营销，而是重点在新兴媒体推广，主要包括社交网站、数字媒体等。

一方面，公司积极通过官网与用户进行近距离接触，提供产品信息、最新消息、独特菜单以及零售渠道等信息。2018 年到 2019 年上市前这段时间，累计有超过 360 万消费者浏览过 Beyond Meat 的官方网站。

另一方面，公司积极布局社交媒体，与"00后"和"95后"保持密切的接触，公司在 Facebook、Twitter、Instagram 等社交媒体拥有累计过百万的粉丝人数。

同时，和其他新兴的消费品牌一样，Beyond Meat 擅长做公关活动，利用体育、娱乐明星进行事件传播，比如与知名影星莱昂纳多、NBA 球星凯里·欧文等合作。

5. 其他人造产品迅速发展

Beyond Meat 作为"超级肉"明星企业快速成长，不仅得到消费者的关注，也受到资本市场的热捧。可以说它是第一个吃到该品类红利的企业，但绝不是唯一一个。

利用科技改造传统农业、工业低效的生产方式，创造出更加健康、高产出率、环境友好的替代产品，这已经在各个食品品类中发生，比如 JUST 利用植物蛋白替代鸡蛋（见图 3-5）、Ripple Foods 以人造牛奶替代乳制品（见图 3-6）等。

它们同样获得大量融资且已经完成产品的市场推广，未来也存在爆发式成长的机会。

图 3-5　JUST 利用植物蛋白替代鸡蛋

图 3-6　Ripple Foods 以人造牛奶替代乳制品

03 __

案例总结

由于巨大的研发难度和较高的研发投入，中国国内相关的创业公司较少，但 JUST、Memphis Meats 等品牌已经开始进驻中国培养市场。

面对有着 14 亿人口的巨大市场，相信不久中国国内就会出现相关创业品牌。它们更懂中国人的喜好和口味，更有机会成为中国的"Beyond Meat"，而且有可能以更低的消费者教育成本获得更大的市场规模。

毕竟，我们从 1 000 年前就开始吃豆腐（最初的"超级肉产品"）和喝豆浆了（最初的"人造奶产品"）。

4
第四章

真露：全球烈酒市场
的销量冠军

烈酒在中国人心中有着明确的印象：高端的烈酒如茅台、五粮液，中档的烈酒如洋河、口子窖，经济型的烈酒如牛栏山、红星二锅头，较为知名的洋酒如伏特加、威士忌、白兰地。但查看全球烈酒销量榜单，第一名不属于上述任何一个品牌，它是韩国"烧酒"品类的绝对领导品牌，统治韩国市场50年的 Jinro（真露）。

真露已经连续20年位居全球烈酒销量榜榜首，且销量超过第二、三名之和。在另外一家权威机构 IWSR（英国国际葡萄酒及烈酒研究机构）发布的榜单上，真露同样毫无悬念位列第一，反观中国烈酒品牌却无一上榜。

凭借优质的口感、合适的酒精度以及亲民的价格，真露在2018年的业务营收突破1万亿韩元，并获得了超过1 000亿韩元（约6亿元）的营业利润。

这不仅因为真露在韩国本土烈酒市场占据绝对领导地位，

还因其产品打开了国际市场。可是，这是怎么做到的呢？

接下来，我们在本章将借助对真露的分析，思考以下问题。

1. 中国烈酒品牌为何走不出去？

2. 如何发现并获取品类红利？

3. 高酒精度、低酒精度，未来全球的主流酒消费趋势是怎样的？

4. 低价策略在不同赛道中应该如何使用？

5. 国内及国际市场的开拓中，产品定位及销售策略需有哪些配合？

6. 打造一个有国民好感度的品牌有哪些关键要素？

01

中、韩、印三国烈酒市场对比

酒的品牌根植于不同的消费市场，我们对比下中国、韩国和印度烈酒市场的差异。

根据世界卫生组织（WHO）统计，韩国人均年酒精摄入量超过10L、中国人均年酒精摄入量不到7L、印度人均年酒精摄入量在6L左右。但由于中、印人口数量远超韩国，整体酒类消费量更大。

中国的白酒品牌未能出现在榜中，简单来说，由三方面因素导致：第一，中国酒类目众多、品牌众多，单个品牌的规模相对来说不如韩国、印度；第二，茅台等高端白酒品牌定价一般较高，绝对销量低于真露；第三，由于中国品牌对海外市场重视度不高，对榜单调研配合不积极，比如牛栏山二锅头2018 的年销量为 62 万千升，按照榜单标准换算为 68.88，其实可位列第二名。

提及印度市场，是因在梳理榜单时发现，印度威士忌品牌成为全球增长最快的烈酒类目之一，在《烈酒》商业杂志评选的榜单中，印度威士忌品类的总体规模甚至大幅超过真露代表的韩国烧酒类目。

印度威士忌"异军突起"，很大程度上得益于其庞大的内需市场。印度饮酒人口基数极其巨大，且人们在酒上的花费占到收入的很大一部分；同时在印度，进口酒价格较高，少数人才消费得起，于是，利用甘蔗为主要原料制作的印度本土威士忌凭借低廉的价格快速打进市场，深得大众阶层欢迎。

02 __
真露打造国民品牌的成功经验

酒是韩国大众重要的消费品。韩国是一个酒文化盛行的国度，无论是商务宴请还是朋友聚会，酒都是必不可少的社交润滑剂。"不喝酒交不到朋友"，在韩国，如果一个人下班后不去酒馆坐一坐喝上一杯，或者长期不参加同事间的喝酒聚会，会被当作不合群的表现。甚至一部分韩国女性也认为，丈夫不出去参与酒会是工作不积极的表现。

另外，韩国还讲究酒的"次文化"。所谓"次文化"，指的是韩国人在饮酒时的一种习惯，一般不会只停留一个酒馆，而是要转战多个酒馆，品尝各种酒。在第一个酒馆饮酒叫"一次"，第二个酒馆叫"二次"，以此类推。随着"次数"的不断增多，夜幕降临，喝酒的人逐渐达到一种兴奋的状态。午夜时分，在韩国的大街上，经常可以看到人们三五成群地呼朋唤友，跟跟跄跄地在街边徘徊，有人兴奋大叫，有人借酒发泄情绪……林林总总，不胜枚举，这些形成了韩国夜生活独特的一景。

"高频次+高消耗量"促使韩国成为全球人均饮酒量第二高的国家（仅次于斯洛文尼亚），人均年饮用量约在45L。

1. 烧酒品类的红利

在所有的酒精饮品中，烧酒占据极其重要的地位。一方面，频繁的聚会让大家无法接受高度烈酒，但喝起来又不能像啤酒一样寡淡。烧酒20度左右的酒精含量以及顺滑的口感，既能让更多人喝起来更易接受，产品本身也非常适合韩国高频消费的酒文化需求。

另外，作为国际上少有的品类（最早起源于中国），烧酒被当作韩国特有的国民酒，成为民族的符号，这激发了更多消费者消费烧酒品类的需求。据统计，韩国人均年饮用烧酒约70瓶。

从整体市场占比来看，烧酒长期占据 30% 左右的酒精饮料消费市场，是韩国仅次于啤酒的第二大酒品类。而且，清爽的口感加上微甜的口味也更加适合欧美国家酒类消费人群对于烈酒的喜好。在全球烈酒榜单（IWSR 评选）中，有三个是韩国烧酒的品牌。

大品类自然能诞生大品牌，在烧酒这样的大品类中，真露就是其中的绝对领导者，是当之无愧的韩国国民烧酒品牌。

而且，采用跟随战略的初饮初乐也成功跻身全球烈酒榜单的前十。初饮初乐来自韩国乐天集团，是其下属的乐天七星饮料公司的明星品牌，产品外形、口味、包装以及定价，基本上都与真露一致（见图 4 - 1），通过乐天集团的品牌和零售渠道资源优势快速进入市场，成功分享到了烧酒品类红利。

图 4 - 1　真露和初
　　　　饮初乐

2. 真露的产品（关键词：品质、创新）

坚持高品质是真露从成立以来一直遵从的原则，也是真露从一个地方性小品牌成长为韩国国民品牌的重要因素。从开始的小作坊到现在的全球销量第一烈酒品牌，真露为了保持品质，所有产品均为韩国五家自家工厂生产，然后发往全球各地。

同时，公司也积极通过参加各种酒类评奖会来打造产品美誉度。从 1999 年起，真露超过 11 年连续获得韩国消费者满意度调查第一名。在国际上，真露也斩获很多大奖，比如曾在第十一届国际烈酒大会上获得六个类目的金奖、在第十八届"Monde Selection"中获得八个类目的金奖等。

持续的研发创新，是真露不断提升竞争力，在一代又一代消费者更迭过程中越战越勇的法宝。

公司极其重视科技研发，手上拥有超过 60 项与酒相关的发明专利。比如，将竹炭过滤技术应用于烧酒的研发，推出了明星产品"Chamisul"系列；结合葡萄酒工艺和烧酒工艺，推出了"橡木桶"系列产品；通过对市场消费者需求的调研，推出了各种新型的果味烧酒，如柚子味、通过葡萄味、李子味等，覆盖了女性等更广泛的市场人群。

3. 真露的规格（关键词：小瓶装、易决策）

真露的产品有各种规格和包装，但公司绝大多数销量来自 350mL 的玻璃瓶装产品。这个包装规格也是真露的一大创新，在市场上酒类以 750mL 装为主流的时候，推出小规格产品，降低了消费者的决策成本，更容易被消费者接受并购买。

真露小瓶装的成功也启发了很多后来者，包括榜单上的其他烧酒品牌以及印度威士忌品牌，中国国内如江小白等创新白酒品牌也参考了这种包装规格。

另外一个有意思的说法是，真露定 350mL 的设计规格还有个小心思：因为韩国人喝酒使用的小玻璃杯容量是 50mL，大家又有一饮而尽的喝酒习惯；350mL 的设计规格刚刚好倒满 7 杯，7 是 10 以内最大的素数，除非正好 7 个朋友一起，否则就没法做到每人喝一样多。两个朋友相谈甚欢，一人三杯下去后，发现只有一杯了，怎么办？再来一瓶吧。

4. 真露的定价（关键词：平价）

平价是真露能成为国民品牌的另一个重要因素，真露 "Chamisul" 系列在韩国的定价在 3 000 ~ 5 000 韩元（15 ~ 30 元），接近中高端啤酒的价格。韩国的人均年收入在 3 500 万韩元（约 20 万元左右），真露的价格十分亲民，所有的消费者都可以承担得起。

5. 真露的渠道（关键词：国内主导、全球拓展）

在国内市场，真露通过完善的现代销售体系，实现了对韩国绝大部分终端的覆盖。通过经销商进驻到超市、餐饮、特殊渠道等各个消费渠道，在能见到酒的地方几乎都能见到真露的身影。

高密度的渠道覆盖帮助真露稳稳占据国内市场份额第一的位置，保持在 50% 左右的主导地位（第二名为初饮初乐）。

在国际市场的拓展方面，真露也走在了前面。早在 1968 年，真露就开始向越南出口烧酒产品，并获得成功；1977 年，在日本设立销售子公司，通过销售子公司打开日本市场，子公司凭借对当地市场的了解，不仅能够更有效地组织销售，还承担了品牌在当地的营销工作，利用更接地气的方式帮助品牌实现快速成长（比如通过日本年轻人喜爱的漫画形式传播品牌、赞助当地的体育赛事等）。

在这一模式下，真露从 1997 年开始成为日本烧酒市场销量第一的企业，在三得利建立的"饮料王国"中撕开了一道口子，并保持 20 多年，可谓成绩斐然。

随着与 Hite 集团的合并，真露获得了更多的国际渠道和资源，通过复制日本的成功销售模式，出口市场也从周边亚洲国家开始向欧洲、美洲国家扩张。

截至 2018 年，真露的国际业务为公司贡献了超过 10% 的收入，且这一比例还在稳步提升。

6. 真露的营销（关键词：明星代言、事件营销、文化输出）

"国民烧酒"是真露的定位，无论在什么年代、什么场景，真露都会不断重复这一口号，韩国本国头部明星是其中的主要载体。

翻开真露的代言人名单，你会发现李英爱、金泰希、孔晓振、李侑菲、文彩元、成宥利、金玟廷、李珉廷等各个时代红极一时的明星，还符合真露"干净、纯正"的产品形象。在 2018 年 12 月份刚刚签约的新代言人为人气组合 Red Velvet 中的队长 Irene（见图 4 - 2），同样契合真露一贯的选人标准。

图 4 - 2　真露代言人海报

除了和明星的直接合作，真露也不断出现在各大韩国综艺以及电影、电视节目中，不断固化国民烧酒的定位（见图 4 - 3）。

图 4 - 3　《太阳的后裔》剧照

除了持续不断的明星代言和广告投放，真露在公关营销方面也是一流高手。比如组织"洁净大地和山川"活动，既获得大众好感，又呼应自家产品"纯净"的特点；持续赞助韩国国内大众关注度最高的体育赛事，另外在 2013 年，Ryu Hyun Jin 成为第一个加入洛杉矶道奇队的韩国棒球运动员，而真露则快速响应，成为第一个在道奇体育场销售的烧酒品牌。

"啤酒配炸鸡""烤肉和烧酒"成为韩国的餐饮文化符号。随着韩国娱乐潮流向全世界的扩散，带动并提升了烧酒品类在全世界的影响力；而真露作为韩国国民烧酒品牌，无数次出现在电视、电影、综艺节目中，自然成为韩国文化输出的最大受益者之一。

同时，上文提到真露在重要海外市场会设立销售子公司，子公司还会承担当地的品牌营销任务。将真露作为韩国烧酒代表的品牌形象与本地的消费者喜好、流行元素结合，创造出更适合各个当地市场的营销内容。

7. Hite-Jinro 集团

真露目前隶属于 Hite-Jinro 集团，Hite-Jinro 集团是韩国最大的酒精饮料生产商之一，旗下品牌众多，涉及啤酒、烧酒、威士忌、饮用水等多个品类。

该集团于 2005 年成立，由 Hite 和真露两个公司合并而来，是一个拥有 20 个关联公司的大型酒精饮料集团。该集团旗下的 Hite 啤酒以及真露烧酒都是韩国市场相关品类的领导品牌。

集团的主要股东为 Hite 品牌的创始家族以及真露品牌的

创始家族，相关家族合计股份超过 70%，集团的核心资产都在 Hite-Jinro 有限公司体系内，集团控股公司始终保持着对有限公司的绝对控制。因此，即便成为上市公司，创始家族控股也能够让品牌维持经营初心，制定更为长期的战略计划，不被短期利益诱惑，成为百年传承的韩国品牌。

03 __
案例总结

国民品牌总是伴随着国力强盛而起，民族自信使得众多的舶来品牌不断被挑战和超越。拥有全球最大消费市场的中国，同时拥有着几千年历史带来的深厚文化底蕴，有机会也有能力孕育出大量的民族品牌。

如果现在问你，中国的酒类国民品牌是谁？毫无疑问，大家会回答"茅台"。但茅台的成功和真露的成功路径不同，不可复制性更强。

作为全球第一大酒精消耗国，其实我们还有很多机会打造各个细分品类的国民品牌，也可以从真露的成功历程中借鉴到很多东西：

1. 品类选择

选择能够代表中国的独特品类，白酒、黄酒、米酒都有可能进一步成长，而且由于中国巨大的饮酒人口基数，每一个品类都可能成为千亿级大品类。企业选择最合适自己的品类切入，并伴随品类的成长可以持续做大品牌。

2. 产品打造

低度化、高品质、平民化是产品打造的核心要点，如果能够进一步实现产品上的差异化，例如真露"Chamisul"系列产品这样的技术创新，则成功的可能性更高。

3. 渠道建设

建立完善的零售渠道，并适时拓展海外市场。随着中国经济的崛起，中国文化也正逐渐影响世界，中国的酒品牌当然也有机会成为世界名牌。

4. 品牌营销

通过事件营销打开知名度，善于利用社交媒体、内容平台打造品牌，最终实现成为品类代表的目标，并不断强化。

5

第五章

潮玩：一个无中生有的新品类

最近，关于新消费的讨论甚嚣尘上，但对于"每一种消费品都值得再做一遍"的说法，实在与我对"新消费"的理解偏差太大了。

新消费背后，要有文化因素、社会形态、人均 GDP 等更复杂的原因。新消费更多的是发生在增量市场。简言之，就是因为科技进步、文化进步、生活方式变化、社会组织形式变化等产生的全新品类，也就是"无中生有"的品类。比如，某些"大 V"读书的产品，付费的综艺节目等，这些都是跟随新的消费人群兴起的全新消费品，之前并无品牌，实际上是从没有过的新品类。

为了更好地理解新消费，今天我们就来研究时下火爆的新品类——潮流玩具（简称潮玩）。

在国内年轻人群体中，潮玩到底有多火呢？

　　2019 年北京潮玩展（简称 BTS）的参展人数已经超过了 10 万人，而这一数据在两年前（也就是 BTS 初次举办时）仅为 2 万人；主办方是国内潮玩零售领军者泡泡玛特，其百度指数也从 2017 年 8 月的 500 不到，一路飙升到目前的接近 2 000。

　　泡泡玛特的销售额近两年一路激增，仅 2019 年 8 月 16 日（2019 年 BTS 开幕日），其在天猫"超级品牌日"活动中就斩获了单日 2 104 万元成交额的亮眼成绩，招牌 IP 产品 Molly 的盲盒隐藏款在闲鱼也达到了近 1 000 元的高价（见图 5 - 1）。

图 5 - 1　Molly 的盲盒隐藏款

　　然而，作为一个"无中生有"的新品类，国内潮玩产业为何能在这个时间点迅速崛起呢？这个产业的成长空间有多大？其在发展过程中会遇到哪些坑？如何实现最终价值？要深入了解这个产业，就不得不提到潮玩产业的起源地——美国和日本。

　　相较于刚刚起步、IP 储备较为薄弱的中国的潮玩产业参与者来说，美国潮玩品牌代表 Funko 借助 IP 联名成功抓住品类红利；而日本玩具巨头万代则已经以 IP 为中轴，扩展到相关产业并形成商业模式闭环，更具有研究价值。

　　本章将根据潮玩产业发展的不同阶段，依次探究中国、美国和日本潮玩市场及代表品牌，对整个潮玩产业一探究竟。

中国潮玩为何崛起

　　潮玩也可以叫收藏玩具（Collectible Toy）或设计师玩具（Designer Toy），这种玩具类型起源于 20 世纪末期的美国和日本，其中知名度比较高的要属 Kaws 和 Be@rbrick（见表5-1）。

表 5-1　潮玩

潮玩名称	出品公司	推出时间	产品形象
Kaws	Brian Bonnelly 和 Bounty Hunter 公司	1999 年	

（续）

潮玩名称	出品公司	推出时间	产品形象
Be@rbrick	日本 Medicom 公司	2001 年 8 月	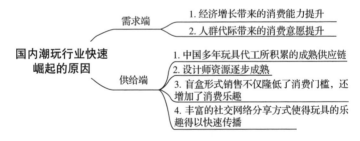

其核心形式是设计师或艺术家将自己的艺术风格和理念融入玩具之中，赋予玩具更多的潮流元素、更高的艺术价值和收藏价值，这一特殊的定位也使得潮玩的目标人群不再是低幼儿童，而是具有一定消费能力的年轻人。

国内潮玩之所以能在这个时间点迅速崛起，我认为有以下几项核心原因（见图 5-2）。

图 5-2　国内潮玩行业快速崛起的原因

从需求端来看，首先是经济增长使大众的消费能力提升。由于潮玩是消费弹性很强、带有一定精神陪伴和炫耀属性的消费品，其增长与萎缩都与国家及个人经济实力息息相关。比如Kaws 和 Be@rbrick 分别诞生于 1999 年和 2001 年，刚好是美国和日本人均 GDP 突破 35 000 美元大关的时候。

　　同样，在泡泡玛特快速崛起的 2017 年至 2018 年两年间，北京市和上海市两个城市人均 GDP 刚好突破 20 000 美元，江苏省整体人均 GDP 也突破了 15 000 美元。泡泡玛特也顺应市场，率先选择北京市、上海市、江苏省进行城市布局，从而获得高速增长（见图 5 - 3）。

图 5 - 3　泡泡玛特收入地区构成

　　在需求端，除了经济实力影响外，人群的消费特征也起着关键作用。天猫上的数据显示，潮玩手办的消费人群年龄大多集中在 15～30 岁，女性占比 60% 以上。其中"95 后""00 后"大多家境较好，同时自己也不需要为物质上的开销太过担心，这一类人群往往更愿意为自己的兴趣付费。而"85 后""90 后"则是加入工作后有了自己可支配的开支，心理补偿效应也会使得他们愿意为自己的兴趣付费。

　　在供给端，中国成熟的玩具产业链也为潮玩的爆发提供了强有力的支撑。广东省玩具协会提供的数据显示，2017 年，中国生产玩具总数的 28.8% 都出口到了美国，而美国玩具市场

80%的产品由中国制造。这样的基础设施，保证了潮流玩具的成品能如设计师和消费者所期待的那样精致和可爱。

同样，处于供给端的美术设计人才是潮玩行业的重中之重。与普通的动漫、电影、小说等 IP 衍生出来的周边玩具不同，潮玩并不具备相关故事背景、人物色彩等。这也意味着，决定消费者是否在货架上选择这个潮玩的理由就是设计。可爱的形象、快速"上新"的产品以及不断迭代的外观设计，都是消费者为一款潮玩疯狂的理由。泡泡玛特也是在和 Kennyswork 合作取得 Molly 形象授权和设计支持后实现快速增长的。

介绍完需求端的变化和供给端对于质量及设计的保证后，我们再来聊聊让潮玩如此火热的引爆点——低价的盲盒。

之前，我们提到潮玩的时候指的都是中度或重度用户所消费的产品，因这一类玩具价格较高，一般用户很难去消费，这也导致了其受众规模很小。

但是目前，针对大众的潮玩价格仅为 39~59 元/个，对消费者而言完全没有消费负担，很容易进行尝试（"入坑"），这就大大增加了其潜在受众。以盲盒这种形式来销售，可以让消费者在消费的同时有一定的惊喜感，如果有了收集齐一套盲盒的心态，消费者复购的欲望就会被点燃，反而导致用户的 LTV（生命周期内消费的金额）可能不输于中度和重度潮玩（见图 5-4）。

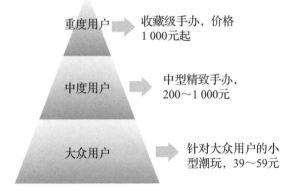

图 5 - 4　潮玩手办用户金字塔

用户在打开盲盒前永远不知道会抽中哪一款，而且一个潮玩系列收集 12 款才算凑齐，另外还有一个"价值连城"的隐藏款潮玩让人大掏钱包，像极了小时候的抽卡游戏（见图 5 - 5）。

图 5 - 5　盲盒系列产品

得益于移动互联网的快速传播，现在的消费者有了更多的渠道接触、"种草"各类盲盒，间接推动了盲盒潮玩的快速增长（见图5-6）。

图5-6　小红书上大量的盲盒"种草"视频

　　盲盒这样的低价潮玩的爆发不仅仅发生在中国，美国也有一家公司凭借这种玩法悄然崛起，并且引起了玩具巨头美泰和孩之宝的注意，它就是Funko，其主要产品就是大头娃娃（见图5-7），大头娃娃相关产品的收入占到了Funko总收入的82%，主要在线下店和亚马逊这样的大型线上渠道销售。

图 5-7　Funko 的玩偶

　　不同于目前的国内潮玩，Funko 的潮玩基本都与 IP 相关，且跨界范围非常远，涵盖了游戏、动画、电影、音乐、体育等，其产品策略是通过多维度 IP 联名，更大维度地获取潜在用户。Funko 的销售增速极其迅猛，2018 年 Funko 销售收入同比增长 40%，达 47.1 亿元。

　　但 Funko 的问题也特别明显，由于美国版权方较为集中，Funko 仅迪士尼 IP 联名产品的销售额就占到了销售收入的 33%，每年给版权方的授权费占到了销售额的 16%。Funko 的商品实际毛利率约 54%，扣除版权费后，毛利率仅为 38%，可以说，版权费严重侵蚀了公司的利润（国内授权费分成占比在 5% 左右）。

　　由于行业进入门槛相对较低，Funko 的销售及管理费用率也在逐年攀升。2017 年，其销售及管理费用率为 23%，2018 年，此项费用率已经增长到 28%。

　　由于生产端需要预付给工厂定金，如果 Funko 既要扩大生产又要保证流动资金的充裕，则需要负债经营。Funko2018 年年末的资产负债率达到了 56%，2018 年仅利息费用就占到了

Funko 销售额的 3%，多项因素最终导致公司利润偏低（见图 5－8）。

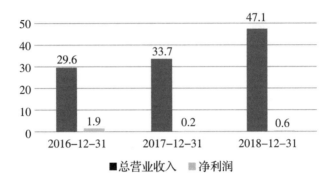

图 5－8　Funko 的收入利润情况（单位：亿元）

　　尽管如此，由于收藏型潮玩、盲盒品类在美国销售增长迅速，市场还是给予了 Funko 较高的预期。进入 2019 年之后，其股价一路从不到 15 美元攀升到 22.85 美元，市值达到了 11.2 亿美元，PE 更是高达 70 倍。

　　对于想进入潮玩产业的企业来说，不断地借助别人的 IP 实现增长是快速抓住品类红利的绝佳方式。但未来如果要实现更大的价值和更高的利润率，需要在自有 IP（不论是什么形式，游戏、动漫等内容形式都能实现 IP 价值）的打造上花些功夫。

6

第六章

家乐氏：谷物早餐细分品类的开创者

"家乐氏公司改变了发达国家人们桌上的早餐，柯达则定格了人们对于假期的美好回忆。"《经济学人》曾在一篇文章中这样写道。

可惜的是，柯达没有抵挡住互联网时代数字化的洪流，最终破产并退出大众视线；而家乐氏虽然面临新消费的巨大冲击，但在2018年仍入选福布斯全球最具价值品牌TOP100。可见，食品消费赛道具有更强的抗周期性。

如果具体到家乐氏所在的谷物早餐领域，虽然它看似是细分领域，但在2009年，美国的该领域品类市场规模已经增长到120亿美元左右，而其中绝大部分市场是被即食产品占据。

中国是一个巨大的消费市场，虽然由于饮食习惯的差异化，以及国内现有丰富的早餐解决方案，让谷物早餐品类几十年来也没有得到很快的发展，但谷物一直是中国消费者喜欢的食物，而且拥有"健康、营养"等优点。根据沙利文的报告，中国谷物食品市场有 600 多亿元的市场规模，并且保持持续增长，预计到 2022 年市场规模可达 1 100 亿元。

同上文中介绍的桃李一样，家乐氏主打的即时谷物早餐同样也受益于"生活节奏加快、消费升级、西方餐饮文化扩散"等社会环境因素。

综合以上原因，我想就能解释为什么近几年该领域的创业、投融资热度不减。家乐氏作为该品类的开创者且能屹立百年，必然有可供借鉴之处。

另外，消费人群的个性化需求、渠道的多样化也催生出不少细分品类创业机会。但如何选择行业中天花板高的新品类创业，怎样打造出高频、持续的消费场景，或许家乐氏的做法能给大家不少启发。

01 _
家乐氏是谁

家乐氏是全球十大食品生产商之一，拥有超过 110 年的历史，旗下有 Kelloggs、Murray、Austin、Morningstar Farms、Pringles 等知名品牌。公司的主要业务有两块，即零食以及方便食品。零食包括薯片、饼干、烘焙点心、馅饼等，方便食品主要是谷物早餐。

　　只要在欧美生活过一段时间的人，对于这一品牌一定不陌生。在超市的货架上，琳琅满目地摆满了家乐氏及其旗下品牌的谷物早餐，是人们日常生活的必备消费品之一（见图 6-1）。

图 6-1　超市货架上满满的家乐氏产品

　　家乐氏经历过 100 多年的发展，已经成为一家在全球 21 个国家生产、180 多个国家销售的世界知名品牌。2018 年，家乐氏全年销售额超过 130 亿美元，净利润为 13 亿美元，市值超过 200 亿美元。

　　除此之外，家乐氏连续多年成为全美最受消费者信赖的品牌之一、福布斯全球最具价值品牌 TOP100。

02 __

家乐氏的前世今生

　　从家乐氏诞生的 1906 年算起，公司已经存在超过 110 年，在此过程中既有快速发展的辉煌，也有经济萧条下的艰难，更有进入新世纪后的彷徨。总体来看，家乐氏的发展大概可以分为品牌诞生期、快速发展期、持续稳健增长期和百年企业瓶颈期等几个阶段。

1. 品牌诞生期（1898-1906 年）

1898 年，当时的 Kellogg 兄弟俩在一间修道院做义工，两人准备了丰盛的谷物早餐，结果因为一些事情耽搁，其他人没来得及吃，很快这些东西就风干不能再吃了。兄弟俩不想浪费，就用碾压工具把一些玉米粒压成薄片，然后再进行烘烤，没想到制作出的薄脆片异常香脆好吃。就是这样的一个偶然，促成了影响世界早餐产品的诞生。

兄弟俩抓住这一商机，通过不断挑选品种、改良工艺，逐步稳定生产出优质的玉米薄脆片。1906 年，"Battle Creek" 玉米脆片公司正式成立，兄弟俩在美国密歇根开设了第一家工厂并雇用了 40 多名员工，同年推出了 "Kellogg's" 品牌的产品。

2. 快速发展期（1906-1952 年）

家乐氏正式进入市场之后，坚持严选最优质的谷物，采用先进的工艺，最大限度地保留了谷物中的营养。在短短三年内，家乐氏产品年销售量超过了 100 万盒，成为席卷美国的早餐食品。

1914 年，家乐氏的玉米片首次被引入加拿大，产品大受欢迎，这也开启了家乐氏的全球化销售之路。1924 年，家乐氏在澳大利亚建立起自己的首家海外工厂，并顺利拿下澳大利亚的谷物早餐市场。1938 年，家乐氏在英国曼彻斯特建立起首家欧洲工厂，并顺利占领英国的谷物早餐市场，开启了品牌在欧洲的扩张之路。

1949 年，公司在南非建立工厂。截至 20 世纪 50 年代，家乐氏已经在美洲、大洋洲、欧洲以及非洲都拥有了自己的工厂和市场，初步成为一个全球化的品牌。

除了不断增加产能和拓展市场，家乐氏还通过不断进行新品研发来确立自己的市场地位，期间推出了主打全麦风格的"ALL-BRAN"系列、添加了脆米的"RICE Krispies"系列产品。这不仅丰富了自己的产品线，也让消费者能够获得新的产品体验，增强对谷物早餐的消费习惯。

1951 年，公司创始人 W. K. Kellogg 先生在 91 岁高龄时离世，家乐氏逐步从家族治理企业向经理人治理企业过渡。

1952 年，家乐氏成功登陆纽交所（纽约证券交易所）。

3. 持续稳健增长期（1952-2006 年）

获得资本支持的家乐氏进一步强化了其在品类中的地位。通过不断进行产品研发、设立全球工厂、完善销售网络布局，家乐氏规模持续增长。

随着 20 世纪 60 年代美国经济开始腾飞，越来越多的女性开始进入工作状态，忙碌让她们对于家庭早餐的照应能力下降，方便、快捷的谷物早餐成为她们更好的选择。市场得到进一步发展，家乐氏也开始通过电视、报纸、广告等方式传播品牌，加大对市场份额的占有力度。

1969 年，家乐氏为阿姆斯特朗提供早餐。在登月这一全球直播的重大事件中，家乐氏获得了巨大的品牌曝光和知名度的提升，这是公司史上最成功的公关事件之一。

家乐氏始终坚持投入大量的研发费用，不断进行新品的开发，期间又推出了面向儿童的"COCO Pops"系列、添加了水果的"Fruit Loops"系列等针对细分市场、细分人群的产品，一步步奠定了家乐氏在谷物早餐市场的领导地位。

截至 1990 年，家乐氏营收首次突破 50 亿美元，并取得超过 5 亿美元的净利润。

1993 年和 1994 年家乐氏分别在中国广州和印度孟买建立了工厂，着手准备进入亚洲市场。

1997 年，为了进一步推动产品研发，家乐氏成立了"W. K. Kellogg Institute for Food and Nutrition Research"研究院，雇用了大量科学家、营养学家、工程师，为研发、生产更美味、更营养、更健康的产品而努力。

除了加强在谷物早餐市场影响力，家乐氏在 20 世纪 80 年代初期，逐步通过资本并购的方式开始扩张产品线，向更广的如零售、烘焙等品类拓展。2001 年，家乐氏以 46 亿美元的价格收购了"Keebler"这一全美最大的饼干品牌。

到 2006 年，在家乐氏诞生 100 周年之际，其营业收入突破 100 亿美元，实现净利润超过 10 亿美元，旗下拥有 Kellogg's、Keebler、Cheez-It、Murray、Austin 等一系列品牌，在全球拥有超过 17 个工厂，并向世界上超过 180 个国家销售自己的产品。

4. 百年企业瓶颈期（2006 年至今）

拥有百年历史的家乐氏进入新世纪后似乎出了问题。一方面，其核心业务面临增长瓶颈：虽然家乐氏是品类领导者，但是整个北美的谷物早餐市场似乎在萎缩，年轻人越来越偏向于用更加方便、快捷的方式来解决早餐需求，比如购买肯德基、麦当劳的套餐；而新地区的潜力市场，如印度、中国却迟迟无法打开；另一方面，家乐氏曾使用的并购扩张的办法也不再管用，新买入的品牌不仅不能有效协同、实现增长，反而加大了管理的难度，从而降低了整个公司的运营效率。

2006 年至今，家乐氏的营收仅从 100 亿美元小幅涨到 135 亿美元，没有任何一年达到过两位数的增长率，甚至在很多年出现了较大幅度的负增长情况。

03 __
家乐氏的成功秘诀

一个消费品牌能存在 100 多年，本身就是一件了不起的事情。同时，即便面临着诸多困难，家乐氏目前也有百亿美元营收以及200多亿美元的市值，成功不言而喻。

那么，家乐氏究竟是如何成功的，我们又能从中学到什么？下面，我们按照品类、品牌、运营的三步模型对家乐氏进行深入分析。

1. 开创新品类，并推动品类不断发展

Kellogg兄弟俩发明玉米脆片是一个偶然，但是让它成为一个品类，却是兄弟俩商业能力的体现。

1898年到1906年，两人对玉米品种的挑选、加工工艺的选择以及口味的调整等方面都花费了大量的时间，这才做出了可以规模化生产，又令大部分消费者满意的产品。

在产品的销售上，兄弟俩也花了非常多的精力，让一个全新的产品成为一个品类就需要一个高频、持续的消费场景，满足消费者的具体需求并形成持续购买行为。通过不断观察，两人找到了一个特别合适的场景：与牛奶搭配食用的早餐场景。

当时的美国，普通家庭的早餐没有一个固定的解决方案，牛奶、咖啡、培根、馅饼、华夫饼等都是人们早餐的选择之一。很多人为了摄入更加合理的营养元素，甚至需要搭配不同种类食物食用，这样做既麻烦又很耗费时间。而玉米脆片的出现让人们突然发现：原来早餐可以这么简单，把玉米脆片倒入碗里，加入牛奶，一顿美味可口、营养健康，又便捷、便宜的早餐就搞定了，这正是所有"懒人"梦寐以求的解决方案。

通过与牛奶搭配食用玉米脆片切入的早餐场景，兄弟俩找到了广阔的市场，开创出了一个全新的品类——Cereal，原意是泛指谷物，现在有很多国家都用这个词特指以 Kellogg's 品牌为代表的即食谷物早餐。

在美国市场得到验证后，公司又不断把产品及这种便利的早餐解决方案推向全世界，促进了整个谷物早餐品类的快速成长。

到 2009 年，美国的 Cereal 品类规模已经增长到了 120 亿美元左右，其中绝大部分市场是被即食产品占据，只有 10% 左右是被麦片这类需要热水或者加热处理的其他谷物食品（代表品牌：桂格）占据。

从世界范围来看，整个谷物早餐市场更是超过 200 亿美元，其中美国为单一最大市场，占据近一半市场规模。但是，欧洲、亚洲以及世界其余地区的绝对量也不在少数。

正是在家乐氏的带领以及其他竞争对手的一同推动下，谷物早餐品类获得了快速增长，成为全球许多国家和地区消费者的重要早餐解决方案。也正是因为品类的巨大成功，让家乐氏获得了快速成长，创造了百年时间的辉煌发展。

2. 成为品类领导品牌

随着谷物早餐品类市场规模的不断成长，也不断有新竞争者进入谷物早餐行业，既有像 General Mill、雀巢这样的食品巨头，也有专注于某一细分市场的新创品牌，但家乐氏却能一直把守着品类第一的位置，成为品类的代表品牌。

首先，作为谷物早餐的发明者，家乐氏拥有一定的先发优势。在其他竞争对手陆续进入时，家乐氏公司已经通过一定时间的市场销售"教育"了消费者，更早地将家乐氏品牌介绍给了消费者。

其次，公司虽然没有喊出过"我是品类第一"类似的口号，却一直实实在在地做着领导者该做的事，推动整个市场的成长。比如，在全球各地开设工厂，将谷物早餐品类引入世界各地；在美国经济大萧条时期，家乐氏以谷物早餐领导者的姿态为失业下岗的人员提供食物、提供再就业机会。

公司使用时间最长的口号是"the best to you each morning"，这也突出了家乐氏不仅是谷物早餐的一个品牌，更是一个推动谷物早餐品类并给人带来更好早餐解决方案的品牌。

家乐氏显著的 K 字 Logo 也体现出了类似的感觉，家乐氏的 Logo 给人充满自信、活力和能量的感觉，完美契合谷物早餐品类的特质（见图 6-2）。

图 6-2　家乐氏 Logo

3. 不断强化配称，保持领导地位

当然，除了一定的先发优势和品牌的战略定位外，家乐氏在具体的运营配称方面也做出了许多努力，促使它在竞争激烈的食品市场保持领先位置。

（1）**持续不断的产品研发**。家乐氏花费了大量的精力投入在产品研发上，公司每年在研发上的投入超过营收的 1%，这个比例相比于科技企业可能看起来不大。但是在食品制造领域，每年过亿美元的研发费用着实巨大。

家乐氏还在 1997 年建立了自己的食品研究院，研发更好的产品，同时寻找更好的早餐搭配方式，向用户推广。

截至目前，光谷物早餐产品，家乐氏就有超过 15 个系列，各个系列都各具特色，针对不同市场、不同细分人群（见图 6 - 3）。

图 6 - 3 家乐氏的不同系列都有自己的品牌

（2）**丰富、高效的分销网络**。推动谷物早餐在各国的兴起，并尽早进入核心市场设立工厂，完成供应链体系的建立，这样的策略让家乐氏拥有了全球 21 个工厂和超过 180 个销售市场，是整个谷物早餐市场中分销网络最广的品牌。

同时，公司很好地平衡了不同的销售模式：在销售的核心国家和地区，家乐氏通过与当地/全球连锁的零售渠道直接合作，既能保持产品的销售利润，在自有工厂的支持下又能减少中间环节、提升物流配送效率，还能收到更加及时的市场反馈。而在一些利基市场和成熟市场的偏远地区，公司又通过与优质批发商合作，通过批发商的销售网络对整个公司的终端渠道进行了有效补充。

这样一张结合大型零售商的"直销+批发商"的高密度分销网络就建成了，它保证了家乐氏品牌的随处可见。

在美国，谷物早餐最大的销售渠道是超市，销售占比超过80%；因此，家乐氏选择与超市的领导品牌沃尔玛直接合作，沃尔玛作为家乐氏最大的单一客户，在 2018 年贡献了占家乐氏总体近 20%的销售额。

（3）**巧妙的市场营销**。家乐氏在市场营销方面也一直把握着很好的节奏。在其发展早期，家乐氏很少做广告，因为在产品能大批量触达用户前，广告是低效、低可信度的宣传方式，家乐氏选择通过更多的事件营销方式来传播自己的品牌。

比如在阿姆斯特朗登月之际，家乐氏又成为宇航员的早餐提供商。"连阿姆斯特朗都吃家乐氏"的宣传效应进一步强化了家乐氏的品类领导地位。

而当更多的人开始接受并消费谷物早餐的时候，家乐氏在20世纪80年代左右开始进行广告投放，通过电视、电台、户外广告牌等进行大规模的宣传，进一步促进了品牌知名度的提升。同时，伴随着渠道的大面积铺开，货架上琳琅满目的家乐氏产品也为其做出了很好的广告效应。

通过产品、渠道、营销等一系列的配称，家乐氏将品类开创者的优势地位延续，成为真正的品类领导者。在目前的美国市场上，家乐氏以超过30%的市场占有率牢牢占据谷物早餐市场第一的位置（美国早餐和特通渠道主要都是谷物早餐产品，合计规模在40亿美元左右）。而在全球谷物早餐的市场，家乐氏更是以近40%的市场占有率成为毫无疑问的王者。

04 __

家乐氏的危和机

谷物早餐品类的崛起带给了家乐氏巨大的成功，但当整个品类面临成长瓶颈的时候，也给家乐氏带来了巨大挑战。

进入21世纪，随着星巴克、麦当劳开始推出更加健康、方便的早餐解决方案，再加上外卖行业的快速发展，家乐氏提出的"谷物早餐泡牛奶"的方案受到了巨大的挑战。另外，随着人们对于健康的诉求越来越强烈，谷物早餐过度加工、高糖、高热量的特性也成为消费者们逐渐远离这个品类的原因之一。

成熟市场停滞不前的同时,新兴市场并没有带来应有的增长。拥有着世界上最多人口数量的中国、印度两个国家,谷物早餐的市场渗透率始终很低。以上两种效应叠加,导致了全球谷物早餐市场进入增长瓶颈期。而作为品类领导者的家乐氏,似乎在应对这一问题上用力用错了方向。家乐氏公司的核心策略是拓品类,希望摆脱人们对其形成的只生产谷物早餐这一单一的品牌认知,希望成为一个综合性的食品公司。

因此,公司一方面将 Kellogg's 品牌产品进行延伸,推出了饼干、巧克力棒、威化卷等一系列的零食产品;另一方面,不断地并购与零食相关的标的品牌,从 2001 年的 Keebler 到 2012 年的 Pringles,都是家乐氏花巨资购入的零食品牌(分别为 46 亿美元和 27 亿美元)。

但事实却给家乐氏狠狠地上了一课,并购后,不仅零食业务没有出现显著的增长,原来的核心业务(谷物早餐)在营收上甚至很多年出现了负增长情况;还导致了整个公司管理难度的大幅提升,以及运营效率的下降,公司整体利润率水平不如业务单一期间。

其实,再回想一下家乐氏的成功,最关键的是它推动了品类的成长。现在当品类成长开始出现衰退迹象的时候,作为领导品牌的家乐氏是不是更应该想办法让品类重新振作起来,而不是转而延伸做一个新品类,进入一个充满了更多、更强对手的新市场（家乐氏的品牌影响力在零食市场，面对玛氏、卡夫等还有很大差距）呢？

幸好挽回的机会还在，似乎家乐氏的管理层也意识到了这个问题，重新制定了相应的发展策略。

（1）家乐氏在 2018 年企业年报中明确提出，在未来逐步出售旗下的零售业务，进一步聚焦于核心谷物早餐品类。

（2）在成熟市场，家乐氏通过开发更多的场景去唤醒消费者，让流失的用户重新回到家乐氏身边。比如，从单一的早餐搭配牛奶的场景，延伸到下午茶场景，延伸到搭配冰淇淋、巧克力的场景，甚至延伸到看球时作为啤酒的搭配场景。

（3）家乐氏将加大在中国、印度的市场投入力度，并通过进一步完善分销体系来覆盖更多的利基市场，实现新市场谷物早餐品类的增长。

家乐氏早在 1993 年就在中国建设了工厂，希望拿下国内市场品类份额，但市场反馈一直不佳。2012 年，家乐氏与益海嘉里签订合资协议，共同推动中国谷物早餐市场的发展。

之后，家乐氏不断加大对中国的重视程度。近年来，家乐氏不仅聘请杨幂等当红明星做代言，积极冠名各类综艺节目以及在电视剧中植入广告，还开始为中国市场开发独特的产品线和相关产品，力求重新推动谷物早餐品类在中国的发展，获得更大的市场份额（见图 6 - 4）。

图 6-4　针对中国地区单独开发的产品

05 __

中国市场的机会

中国谷物食品市场有 600 多亿元的规模，预计到 2022 年市场规模可达 1 100 亿元。究其原因有以下几点。

首先，中国市场具备谷物早餐发展基础；其次，中国的乳制品消费越来越普及，无论是人均消费量还是品类的丰富程度都在不断提升，尤其是消费力旺盛、冷链发达的一、二线城市，鲜奶、低温酸奶市场快速发展，为与牛奶搭配提供早餐解决方案的谷物早餐奠定了发展的基础；最后，随着越来越多的社交媒体平台、短视频网站、各类自媒体的发展，让谷物早餐这一早餐解决方案或者这一新的生活方式为越来越多的人所接触并了解提供宣传渠道。在众多意见领袖、网络红人、代购的共同推动下，消费者对于谷物早餐的认知将越来越普及（见图 6－5）。

图 6－5　卡乐比麦片通过代购迅速蹿红

对于中国的创业者来说，面临的机遇与挑战同在。一方面，中国国内品牌不像当初的家乐氏作为品类开创者拥有先发优势，而是要面对家乐氏、雀巢、卡乐比这样的强势国际品牌。另一方面，中国国内品牌拥有外资品牌对于本土消费者不具备的深入认知，在这样一个有机会快速发展的品类市场中，很有可能出现一个成功的本土品牌。

在借鉴家乐氏成功经验的同时，我建议创业者也要根据国内市场特点，做出一些改变。

产品上：从包装、配方、口味与国际品牌形成差异化，针对国人的需求推出有特色的产品。比如，对于一些想尝试购买的潜在用户，可以推出小包装产品，降低尝试门槛，提升受众群数量；添加一些中国特有的谷物、水果，增加消费者的接受度和好感度。

渠道上：避开传统品牌所在的强势渠道，利用中国国内发达的电商、社交电商、微商渠道，差异化地开拓销售渠道。

营销上：取一个好的品牌名，努力寻找一个差异化的定位（比如，专为国人研发的谷物早餐），通过事件营销提升消费者对品牌的信任度并扩大品牌的影响力，合作更多的社交媒体并通过口碑营销的方式来推广品牌。

7

第七章

养乐多：乳酸菌饮料市场的单品之王

　　一个小小的、不起眼的红瓶，口味酸甜、价格亲民，你在超市货架上经常能看到它，有些人甚至喜欢将它和喜茶、江小白等兑在一起喝。

　　上面说的这种饮料就是养乐多（YAKULT），它是仅凭一个单品就占据超过六成市场份额的乳酸菌饮料品牌，诞生80多年，行销全球40多个国家，每天卖出4 000万瓶。

　　2018年，公司实现收入4 070亿日元（约265亿元）、净利润350亿日元（约22.8亿元）。资本市场也给予养乐多很高的估值，在日本这样一个普遍消费品市盈率不到15倍的证券市场，养乐多却拥有平均近40倍的PE。公司估值也随着业绩的增长稳步上升，最新市值高达1万亿日元（约690亿元）。

　　为何一个单品能带来如此丰厚的回报呢？消费历史上，很多品牌的崛起都是通过一款单品，比如国外的品牌可口可乐、红牛、保时捷（911车型）、雅诗兰黛（小棕瓶），国内的品牌王老吉、六个核桃等。

凭借一款产品覆盖大部分用户需求，打穿市场，从而实现10亿元甚至100亿元的营收目标，继而占领消费者心智、树立品牌，就是我们常说的"大单品策略"。

接下来，我将通过对养乐多发展历程、成功秘诀的分析，来聊聊"大单品策略"。

1. 大单品策略的适用条件有哪些？

2. 如何设计产品的进化路线？

3. 产品的辨识度和广谱度该如何提升？

4. 如何打造品牌的视觉锤？

5. 怎样通过更高维度的思考，对一般消费品进行降维打击？

01 __

养乐多的发展历程

养乐多经历了80多年的发展，公司的经营理念是"为世界人类的健康和美好生活做贡献"，凭借一款有益健康、营养美味、价格亲民的产品，成为日本乃至全球的乳酸菌饮料领导品牌。具体来说，公司的发展大致可以分为以下几个阶段。

1. 品牌的诞生期（1930-1955 年）

和很多划时代的消费品一样，养乐多的诞生也充满了戏剧性。20 世纪初期的日本，因为卫生条件差和营养不良等问题导致很多人死于霍乱、疟疾等传染性疾病。一位叫代田稔（见图 7-1）的年轻人希望通过学医改变现状，于是在 1921 年进入京都大学研究微生物，并着力于预防性的医药研究。

在此期间，代田稔偶然发现乳酸菌有抑制肠道有害细菌的作用。1930 年，他在实验室中培育出"加强版"的乳酸菌，它能够承受胃液和胆汁的考验，直达肠道，产生良好的促进消化和抑制细菌的效果。代田稔由此获得博士学位，同时这一培养菌种被命名为"干酪乳杆菌代田株"，这个就是养乐多的核心秘密。

图 7-1　养乐多创始人代田稔

为了能够让这一益生菌惠及更多人，代田稔博士在乳酸菌中加入牛奶、糖、水等成分，做出了一款价格亲民、口感独特的饮品，取名"YAKULT"并在 1935 年推向市场。自此，风靡全球的养乐多正式诞生。代田稔对预防性、有益肠道、价格亲民这三点的追求也成为养乐多发展至今的公司信条。

1940年，养乐多开始在日本全国各地建立起许多"代田保护菌普及会"来分销产品，产品也受到更多消费者的认可和追捧。

1955年，养乐多公司正式成立，正式开始实施商业化运营，同时成立的还有养乐多京都研究院，对益生菌领域开展持续研究。

2. 商业化成长初期（1955—1970年）

1963年，公司历史上的又一次里程碑事件出现，即推出了养乐多妈妈计划，通过动员家庭主妇作为养乐多的配送员，这种做法不仅帮助妈妈群体提高了收入，也促进了养乐多的销售，并拉近了品牌与用户之间的距离（见图7-2）。

图7-2　养乐多妈妈配送服务

1964年，养乐多开始尝试进入海外市场，首先选择在中国台湾建立起了第一个海外公司，但这一时期养乐多绝大部分销售还是由日本国内市场提供。

为了进一步加强公司的科研实力，保持在益生菌领域的领先优势，公司在 1967 年于东京成立了中央研究所，对益生菌进行各项基础研究。

1968 年，公司推出了全新的环保塑料瓶包装替代原有的玻璃瓶包装，不仅降低了配送成本，也减少了回收玻璃瓶的工作。自此之后，养乐多的瓶型就没有再做太大改动，一直保持至今，成为让人一眼就能认出的品牌特征。

3. 多元化及初期国际化（1970-1980 年）

进入 20 世纪 70 年代，养乐多也迎来了自己的"而立之年"。已经在日本乳酸菌饮料市场站稳脚跟的养乐多，开始了业务的多元化和国际化拓展。

在业务多元化上，一方面扩充食品、饮料产品线，增加了如牛奶、酸奶等产品；另一方面开始推出以乳酸菌为核心卖点的化妆品和药品（见图 7 - 3）。

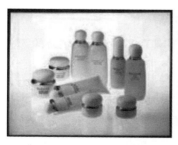

图 7 - 3　养乐多 20 世纪 70 年代推出的化妆品、非处方药

在国际化拓展方面，养乐多也开始摸索出一套更完善的方法。相比于之前的散点尝试，20世纪70年代，养乐多的渠道拓展更加聚焦，集中在韩国、泰国、菲律宾和新加坡这四个亚洲国家，取得了更加良好的效果。

4. 资本化并加速全球化（1980年至今）

1980年，养乐多在东京证券交易所二部正式挂牌，随后第二年转板到东京证券交易所一部，正式登陆资本市场。

获得资本助力的养乐多，开始加快国际化进程。在20世纪90年代，以欧洲市场为核心，通过近10年的布局，养乐多基本占据了欧洲核心国家的市场（见图7-4）。

图7-4 养乐多的欧洲扩张节奏

另外，养乐多在基础研究和产品开发方面也获得了多项突破。1994年，养乐多研发出了一种依赖益生菌的抗癌药物并进行量产。同时，在其他食品和化妆品方面也不断有新产品的产生。

进入21世纪后，养乐多把精力放在了更大的美国和中国市场，不仅快速布局美国、中国的销售网络，同时根据当地生产特点，开始大规模扩充在美国、中国的工厂产能（见图7-5）。

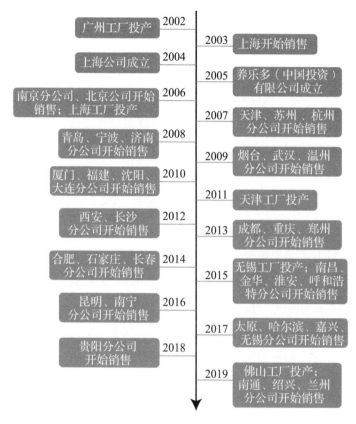

图 7-5　养乐多中国的重要发展节点

到 2010 年，养乐多日均销售突破 3 000 万瓶。截至 2019 年 3 月的财年数据统计，养乐多实现超 4 000 亿日元销售，日均销量突破 4 000 万瓶，成为当之无愧的乳酸菌饮料领导品牌。

02 __
养乐多的成功秘诀

以往我们分析的品牌案例都是通过一套完整的品牌理论或打法实现了巨大成功，而养乐多不仅深谙品牌之道，更是从一种更高维度对一般消费品进行了降维打击。

1. 基础科学研究支持下的商业模式

伟大的消费品诞生似乎总是出乎意料，就像养乐多的出现一开始并不是单纯为了创造一种新的饮料从而获得巨大的商业利益，而是代田稔博士基于对基础生物科学的研究，希望通过预防疾病的研究帮助人们活得更加健康。但是，单纯地推行乳酸菌成本较高和可执行性较差，所以将科研成果与日常消费品结合，这是养乐多找到的解决办法。

养乐多把不断探索生命科学作为事业的根本，这让养乐多一直保持着很强的基础科研力度。从早在 1955 年就成立的京都研究所到后来的东京研究所以及遍布欧洲、美洲的海外研究所，公司一直致力于基础生物科学，尤其是有益菌预防医学领域的研究，每年的基础科研投入超过 100 亿日元。

养乐多一直坚持基础科研先行，然后将成熟的研发成果转化成商品。除了最早推出的乳酸菌饮料，公司又陆续进军化妆品、药品领域推出相关商品。看似毫不相关的商品，其实都是以有益菌底层科研成果为基础和依托所转化出来的。

从公司的组织架构也能看出端倪：养乐多成立了以研发为主要职能的事业部，与食品、化妆品、药品等事业部并列，为其商业化提供了基础动力。

站在这样的高度来思考如何经营消费品牌是很难的，而拥有强品牌经营能力的企业往往又不能站在更高维度去思考，但养乐多却做到了。

下面，我们将对养乐多的品类、品牌发展进行复盘。

2. 创造新品类

养乐多为广大用户提供了一种既有益肠道又营养美味的健康解决方案。虽然是代田稔博士的无心之举，却契合了用户的需求，由此一个全新的品类——乳酸菌饮料诞生了。

养乐多产品推向市场后，受到了日本消费者的广泛认可。20 世纪 40 年代，消费者自发在全国成立了众多"代田保护菌普及会"，一边推广乳酸菌概念，一边销售养乐多，也从侧面证实了新品类的生命力。

就这样，伴随着乳酸菌有益身体的理念不断普及，助推乳酸菌饮料整个品类也在持续发展。到 2018 年，乳酸菌饮料占据整个日本饮料市场销售份额的 2%，年销量达到 3 750 万箱，虽然其绝对规模与矿泉水、茶饮还有差距，但却是常年来持续增长的品类。

3. 奠定品牌基础

（1）**品类推动者的身份**。源于基础科研成果的养乐多，在产品的研发和生产上都具有一定的门槛，因此在它诞生后的一段时间里都没有竞争对手出现，是当时市场上的唯一品牌。

同时，公司的营销策略并不是简单地推行养乐多品牌，而是作为品类创造者不断推广并普及乳酸菌有益身体的理念，以及乳酸菌饮料营养、方便、好喝的品类特点，这恰恰是品类开创者应该做的。正是通过这样的动作，让广大消费者知道了乳酸菌饮料，侧面推动了整个品类的发展。

作为品类开创者，养乐多也顺理成章地成为消费者知道的第一个乳酸菌饮料品牌，建立起了"养乐多=乳酸菌饮料"的消费者认知。

因为品类发展的基础在于产品营养、方便、好喝，养乐多在这几个方面都做得足够优秀，因此在之后的很长一段时间内都没有竞争对手。

（2）**视觉锤**。这里还要重点提一个概念，即视觉锤。养乐多在这方面做得非常出色，创造性地设计出了一个"小红瓶"：80mL 大小、塑料质感、拿在手里无论大人还是小孩都很趁手，与当时市场上的饮料瓶型都有很大的差异，给人眼前一亮的感觉；再加上简单的几处红色字体，给人很强的视觉冲击力，一下子就让人过目不忘（见图 7-6）。

图 7-6 养乐多的瓶型

并且，养乐多自从 1968 年推出这个经典瓶型以来，坚持了 50 多年，没有对此做出重大改变，大部分消费者看到这样的瓶型就能知道是养乐多，成为品牌重要的视觉锤，堪比可口可乐、巴黎水的设计感（见图 7-7）。2011 年，养乐多的 3D 瓶型获得了全球外观专利。

可口可乐　　　　绝对伏特加　　　　巴黎水

图 7-7 几个拥有独特瓶型的品牌

4. 创新又聚焦的运营

重视基础研发、开创新品类保证了养乐多在市场的领先地位，但真正让养乐多能够热卖至今的，是一套完整的运营体系，这也堪称消费品运营的典范。

（1）**创新又聚焦的产品**。可以说，养乐多的产品策略是创新和聚焦，保证了公司运营效率和中短期的强竞争力，也为长期的发展做好准备。

持续不断的产品创新源于基础科研的大量投入，养乐多不断将科研成果转化为大众商品，整个公司在品类拓展、产品创新方面做了大量工作。

从20世纪70年代开始涉足化妆品领域至今，养乐多已经形成了食品饮料、化妆品、药品三大核心品类，各个品类围绕乳酸菌这个主题不断推出产品，养乐多形成了一套涵盖用户日常吃喝、保健、美容、治疗需求的完整产品矩阵（见图7-8）。

图7-8 乳酸菌化妆品、乳酸菌药品

（2）**极度聚焦的产品运营**。养乐多虽然拥有强大的持续研发能力，也拥有丰富的产品储备，但是在产品的运营方面却是极度聚焦的。首先，它生产的化妆品和药品只在日本国内销售；其次，这些化妆品和药品基本上不通过公开渠道销售，只由维持着良好社区关系的养乐多妈妈进行分销；最后，食品饮料也只有日本地区拥有多种产品选择，在海外市场基本上只有一款最经典的乳酸菌饮料产品销售。

养乐多自 2002 年进入中国，一直坚持"大单品策略"，一直到 2018 年才有第二个低糖产品上市。

（3）**保持亲民的价格。**为了让更广泛的人群享受到健康生活，代田稔把养乐多定位为一款亲民价格的饮品，一瓶 80mL 装的养乐多在日本的零售价格是 80 日元，保持了近 30 年没有涨价。除了是因经营理念的驱动外，更是公司聚焦产品、做大单品运营的结果。

养乐多在日本境内拥有 10 个大型工厂，聚焦生产乳酸菌饮料，单一产品和巨大的销量带来了巨大的规模效应。高密度工厂以及高效的物流体系，使得养乐多即便保持持续低价，也拥有非常好的盈利能力。

而在海外市场，养乐多也一直保持着有竞争力的定价。同时，秉承当地生产、当地销售的策略，养乐多在核心市场大规模新建工厂提高产能，提升区域性的生产规模效应。不过不同于日本，养乐多在海外市场会随市场环境进行一定比例的调价，保证更高的毛利（在中国销售的产品于 2010 年和 2018 年价格上调两次，比例为 10%）。

另外，价格策略也源于其产品设计方式。我们看到的养乐多都是 5 瓶一排的包装，虽然 10 多元的定价相对于其他竞品略高，但 2.4 元的单瓶价格却很低，用户很容易接受它。

其实，养乐多的单位重量价格要远高于其他竞品，因此养乐多的毛利水平也一直高于其他同类饮品。

（4）**独特、高效的销售渠道**。在日本，养乐多通过发达的经销商渠道进行分销，通过终端覆盖各大超市、便利店，并在1963年推出了"养乐多妈妈"配送计划。"养乐多妈妈"类似于公司的直销渠道，开展以下几项工作：第一，按客户约定时间送货上门；第二，负责介绍产品功能，开展消费者教育工作；第三，定期上门拜访，负责在一定社区内维护客户关系。

通过这种方式，公司能够更近距离地靠近消费者，并收到直接的反馈；也通过这种紧密的社区关系，为其他如化妆品、保健品的推广起到测试作用，通过"养乐多妈妈"销售的产品超过日本整体销售额的50%。

而在海外，养乐多的销售策略又有所不同。一方面，坚持推行已经验证过的"养乐多妈妈"直销渠道，加强养乐多与全世界各地消费者的联系。目前，部分国家的"养乐多妈妈"贡献销售额的比例甚至已经超过了日本本土比例（见图7-9）。

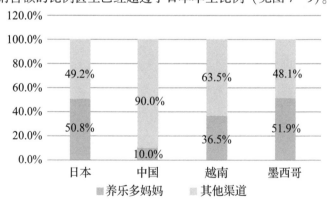

图 7-9　2018 年各国家不同渠道占比情况

　　另一方面，养乐多"砍掉"了位于中间环节的经销商、批发商，由建立在全球各地的销售子公司直接与各大零售终端对接，大幅缩减中间费用。

　　这样的做法既保证了产品的流转效率和品质（产品保质期较短），也提高了产品毛利。虽然渠道在初期的拓展速度会比批发方式慢，但是养乐多的销售体系一旦建立起来，将会拥有更强的壁垒和稳定性（见图 7 - 10）。

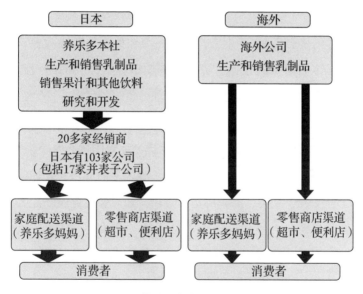

图 7 - 10　养乐多海内外渠道模式对比

　　正是通过这样的模式，养乐多顺利迈出了海外扩张的步伐，从日本乳酸菌品类创造者成长为全球领先的乳酸菌饮料品牌。

　　2018 财年，养乐多的海外市场收入占比已经超过 40%，并保持远高于日本国内的增长速度；全球超过 40 个国家和地区有售，中国、巴西等多个国家每天的销售量超过 100 万瓶，并成为当地最畅销的乳酸菌饮料品牌。

03 __

对国内消费品牌的启示

养乐多诞生 80 多年来，仅凭一个经典产品就成为拥有几百亿元市场规模的企业，更成为乳酸菌饮料品类的绝对领导者，其成功经验能带给我们许多启发。

1. 消费品牌的打造依然遵从品类、品牌逻辑

首先，仅从消费品牌方面来说，养乐多的成功为我们很好地诠释了关于品类、品牌的运营逻辑。面对各种竞争，尤其是中国国内蒙牛、伊利、味全等巨头的"围剿"，养乐多依然"我行我素"，通过一个单品占据整个品类的领导位置，凭借极致的单品和规模效应在市场上立于不败之地。

换个角度思考，乳酸菌饮料品类还有机会吗？对其他消费品牌来说，如果所在品类市场被巨头企业占据，你怎么办？答案是从用户的思维出发，寻求差异化。

蒙牛、伊利和味全更多是基于产品层面与养乐多竞争，比如养乐多推出 100mL 小瓶装，竞争者们就推出 250mL、350mL

甚至 500mL 的大瓶装；养乐多的产品定价为 2.4 元/瓶，竞争者们就定更低的价格；养乐多主打"100 亿活菌"的卖点，竞争者们就主打"300 亿、1 000 亿活菌"的卖点。

但就像上文所说，面对同一拨用户、类似的需求，养乐多不仅在产品、市场为层面，更在用户心智层面已经做到全面占据并居于领导地位。如果要挑战它，竞争者只能为挖掘用户的新诉求或者寻找新用户市场切入点。

就像当年百事可乐通过挖掘年轻用户，主打"年轻人的可乐"这一卖点成功挑战可口可乐；就像 Monster 通过更加个性的差异化定位，赢得了在美国能量饮料市场一席之位；就像 Lululemon 通过抢占女性用户占据瑜伽市场成为全球第三大运动品牌。

对于其他消费品牌也是一样，如果在行业的赛道内有强大的领导者，那就需要竭尽全力寻找差异点，并且是领导者无法跟进、模仿的差异点，站在领导者的对立面，才有可能在市场中占据一定份额。

当然，还有更好的办法：自己作为品类开创者，开创并主导一个品类。

如果新进入者在养乐多占据霸主地位的短保、低温乳酸菌饮料市场没有机会，那就考虑做常温乳酸菌饮料，就像在低温酸奶领域，光明通过莫斯利安产品开创常温酸奶新品类，并在市场中快速做大。后来，伊利推出的安慕希产品更是跻身百亿大单品行列。

　　值得其他消费品牌思考的是，如果找不到显著的差异点，不妨回到品类源头思考一下，开创新品类是不是有市场机会，也许那是一条更为通畅的道路。

　　最后，在确定品类、品牌定位后，养乐多对于超级大单品的运营策略也能让我们学到很多。通过长期聚焦少数产品，不仅可以建立更强的消费者信任度以及消费者对于产品的认同感，还能实现更大的规模效应，以更低的价格获得更好的利润水平。

2. 跳出消费品牌的运营维度

　　最后，我还要讲一个和以往不同的点，就是通过更高维度的思考来实现对消费品品类、品牌的降维打击。

　　养乐多通过自己在基础科研领域的深入研究发明了"加强型"的乳酸菌，基于此推出了产品，并建立起了一套独特的产品研发逻辑和品类扩张逻辑，所以，同一品类下的其他竞争对手很难在这一点上与之竞争。

　　因此，如果企业能够站在更高的角度去思考，寻找到高于消费品的更深层次（无论是科技、基础科学还是精神认同）的内容，并基于此结合品类、品牌、运营打造出一整套品牌经营方法，就有可能创造出像养乐多一样的超级品牌。

第二部分

找到差异点，
挑战领导者

Part One

对于快速成长的大品类赛道，如何已经有领导者的存在，如何挑战领先者的强势地位？

答案就是找到差异化。差异化的机会可能来自新消费人群的崛起、新技术的更迭、新模式或新渠道的出现，也可能来自个人需求或价值观的变迁。

8

第八章

Planet Fitness：这家健身房吸纳了 1 250 万会员

　　针对中国健身行业的投资，一直以来都比较艰难，作为一个高速增长且上升空间巨大的诱人市场，这个行业却始终没有太多值得投资的标的，也没有出现规模很大的公司。

　　原因很简单，市场过于分散。各种地域性的小品牌层出不穷，少数的连锁品牌仅占市场的冰山一角，传统的"会员制+私教"的模式似乎也没有太多创新。于是从投资的角度，只能投资这个行业里头部的服务商，瞄准一、二线城市高消费的人群。于是，小团操课、无人健身被各种资本放大，而传统的连锁健身房无人问津，会员制也被认为是落后的商业模式。

　　但事实上，我们观察美国该行业中头部的健身公司，发现它们大部分还坚持着传统的模式。作为一个重服务的行业，这些大公司大部分模式趋同：都是按照"场地+服务"的逻辑经营，"会员费+私教费"也是行业中一贯使用的商业模式，专业的"私教+专业的设备"是健身房中的标配。在这个没有太多技术创新或者模式创新的行业里，看起来就是"划地而治，各占山头"的局面。

然而，我们在这里却发现了一个不走寻常路的公司——Planet Fitness。

这家"奇葩"的公司以极低的会员费和极简单的服务著称，靠着"反其道而行之"的人群差异化市场策略做成了一家全美会员规模最大的连锁健身企业并成功上市，至今依然在保持高速增长。

Planet Fitness 于 2015 年上市，目前拥有加盟及直营店铺超过 1 700 家，会员数超过 1 250 万人，其市值目前约为 62 亿美元。

由于 Planet Fitness 的成功，我们开始思考以下问题。

1. 中国健身行业还有多大的市场机会？

2. 在重服务且极为分散的行业中，如何找到可复制的模式并做出规模，背后应该有着怎样的规律和路径？

3. 在大消费领域，如何找到属于自己的利基市场？

4. 服务于专业高客单价的客户还是服务于大众低客单价的客户，企业该如何做选择？

01

中国和美国的健身市场对比

　　我们先来对比下中、美健身市场的差异，看看中国健身行业未来的发展空间。我们将主要从以下两方面来进行对比：第一，市场基本信息，包括规模、增速、渗透率和文化差异等；第二，市场的主要参与者，包括集中度和主流模式的区别。

　　中、美两国健身市场规模情况的差异较大，从行业规模、会员规模、健身房数量上看，中国都有很大的市场提升空间。这其中的主要提升空间来自渗透率——美国健身人口渗透率为18%（甚至更高），亚洲地区健身人口渗透率为3.8%，而中国健身渗透率仅为0.5%。

　　2015年，美国的健身会员规模有5 570万人，健身房数量在37 000家以上。2015年到2018年，美国健身人口增加了20%，健身房数量增加21%，进入到一个稳定发展的阶段。本文的主角Planet Fitness也正是于2015年上市。

　　同一时间的中国则以极快的速度在增长：2015年到2018年，中国健身人口增长了2.5倍，健身俱乐部数量增加了3倍以上，下面是2018年的中国健身行业市场空间测算（见表8-1）。

表 8-1 中国健身俱乐部市场空间测算

	2015	2016	2017	2018	2019	2020
总人口（亿元）	13.74	13.8	13.86	13.93	13.99	14.05
增速		0.45%	0.45%	0.45%	0.45%	0.45%
会员渗透率	1.09%	1.14%	1.20%	1.26%	1.31%	1.36%
渗透率增量		0.05%	0.06%	0.06%	0.05%	0.05%
会员人数（万人）	1 500	1 573	1 664	1 755	1 833	1 911
会员人均年消费（万元）	0.2	0.23	0.26	0.29	0.32	0.35
市场规模（亿元）	300	362	433	509	586	669

从行业规模上看，中国近年来在健身行业的市场规模增速是惊人的，从 2015 年的 300 多亿元到 2018 年的 510 亿元，年增速在 30% 以上。从中国健身行业从业人数上看，从 2015 年的 15.7 万人增加到了 2018 年的 18.7 万人，实现了 20% 的增长。

但是，健身行业优秀的从业人员还是非常稀缺，健身人口和健身教练的比例是 94:1。也就是说，将近 100 个学员才能匹配一个健身教练。与此同时，健身教练的流动性也较大。从专业性分工的角度来看，教练的专业差异化也不大，例如营养师、拳击教练等专业并没有明显被分化出来，形成相关职业。

目前，中国健身市场处于量价齐升的最好发展阶段。首先，政策支持发展健身休闲产业，医保卡开始覆盖健身项目进一步提升了市场增量，而城市化、消费升级、健康观念提升等加速健身会员人数增长。其次，人们的消费力也在进一步增强。

总之，中国的健身行业目前正处于高速增长的进程中，而且天花板较高，在这个行业中，中国完全可能出现上市龙头企业。

02 __

Planet Fitness 有什么不一样

在全美众多的健身公司中，Planet Fitness（简称 PF）的会员数位居第一（这意味着 4% 的美国人是 PF 的会员），以开设的店铺数论排全美健身公司第三，其营收排名则为第 11。在其 1 250 万会员中，49% 是 "00 后"。

我们选中了 PF 这个案例，是因为它能做到这样的会员规模有过人之处。那么，它到底有什么过人之处呢？

我们先来讲讲 PF 的发家史。

1968 年，美国人乔古德将获得健美最高荣誉称号 "奥林匹亚先生" 的阿诺德·施瓦辛格从奥地利请到美国，并开设了古德健身中心。追溯起来，这算是美国健身行业的开端。

PF 却反其道而行之，才有了今天。

"从新罕布什尔起家绝对是天赐的良机。" PF 的 CEO Chris Rondeau 曾对媒体表示。"这里就是个大农村，我们必须做得足够好才能活下来。我们必须满足这里大多数人的需求，因为这里人太少，没有那么多人会对练举重、塑身和田径类项目感兴趣。"

1992 年，MichaelGrondahl 和 Marc Grondahl 兄弟俩在仅有 28 000 人口的新罕布什尔的多佛镇买了一家濒临倒闭的古德健身房，这就是 PF 的前身。最初，这家健身房跟镇上其他的健身房并无任何区别，争夺的都是同一批重度健身用户，提供的也是相似的重型器械、操课以及果汁吧。

PF 要活下去，就需要找到差异化定位，更需要找到能支撑它活下去的足够数量的用户。后来它们发现，在健身这个行业，占总人口 80%的普通人被有意或无意地排除在外了。

可是，怎么能让这些非健身人群产生尝试的意愿并选择 PF 呢？

最初，PF 选择了最简单的办法，就是降价，直接把会员价格降到 10 美元/月。这产生了一些效果，拉来了一些人。但是，吸引到的并非 PF 想要的非健身人群，而是更多的"健身壮汉"。"这就像你把动物园里所有的动物都放在一个笼子里，当然是行不通的。"Chris Rondeau 说道。

1998 年，PF 在新罕布什尔开了一家新店，把店中部分重型健身器材挪走了，但从其他方面上看，这还是个为重度健身人士准备的传统健身房，仍设有果汁吧和日托设施。当 PF 在朴次茅斯开了第四家店时做了一次巨大的调整，只保留了最基础的器械，其余的全不要了（后来则开始在前台提供免费棒棒糖，以及每月固定时间提供免费比萨和贝果）。

因为在前三家店开办后，那些重型器械总是坏掉，孩子总在日托设施里打架，果汁吧里不是没了蛋白饮料就是果汁搅拌机坏掉了。总之，当时 Chris Rondeau 的 BP 机总会收到来自各种故障的投诉信息。而经营这移除一切的第四家店时却相当省心，"因为没有那些大小故障，并且我们 7×24 小时营业，我们的会员反而更开心了。"Chris Rondeau 说道。

PF 希望自己就像麦当劳的巨无霸汉堡那样，在哪里都是一样的味道。但是，难道 PF 就是因为减少了店内设施做到高度的标准化，并且后续提供免费比萨和棒棒糖给到店会员，而赢得了如今的 1250 万会员吗？当然不是。

在揭晓答案之前，我们首先要承认，健身过程痛苦、反馈慢、存在高度不确定性，效里还会反弹。

除了心智坚定的少部分人能够持续坚持外，大部分人其实是靠着美好的愿景挣扎在健身的道路上，不断挣扎在忽高忽低的体重波动曲线之间。在这个过程中，人们需要的不仅是专业指导，心理上的支持也是非常重要的一点。

当人们走进一家健身俱乐部时，最大的压力并不来自于健身房的装修、卫生条件或者会员价格。他们最大的压力来自——跟他们同样健身的其他人，越来越多人希望拥有一个属于自己的专属空间。

所以，对于 PF 而言，重要的不是降价，而是营造出一种让普通人愿意尝试的氛围。Chris Rondeau 回顾，当时他们给自己提出的问题是：什么样的商业模式能够让 80% 的人既能承受得住价格又感到足够舒服，愿意尝试一下？

PF 对这个问题的回应是——将健身房变成"不评判空间"（Judgement Free Zone，这也是 PF 自此至今的口号）。

PF 对消费者的观察和理解做得颇为细致，为了让 PF 变成不评判空间，它们在室内没有贴拥有完美身材的人的照片，没有放更多的专业器械，没有请拥有健美身材的私教，没有打更高的折扣，可以说它们打碎了传统的场景。

PF 把"Judgement Free Zone"这个牌子挂在最醒目的地方，在公关和营销话术中努力强调自己要营造一种"非恐吓式"的轻松健身环境，PF 的装修风格一直强调搭配明亮、轻盈的色调，而不采用传统健身房那种充满深色调、力量感的风格。

但是，PF 究竟是如何挣到大众的钱的呢？

03

以主流健身房 1/6 的价格立足， Planet Fitness 怎么活下来

为了让非健身人士买单，PF 都做了些什么呢？

根据 PF 的消费调研统计，美国健身人群中的健身爱好者群体占 15%，普通群体占 50%，健身弱势群体占 35%。设备、宣传和服务与专业健身俱乐部不同的是，它们选择把这 15%

的健身爱好者群体放弃掉，而拥抱这 50% 的普通群体。

PF 有许多对于健身人士来说非常奇怪的规定：比如禁止批评任何人、不准发出嘶吼（用力）的声音，不欢迎你留太多汗，以及谢绝"壮汉"与"辣妹"自拍。

这个听起来很剑走偏锋的设定，其实细想一下是有道理的。许多人之所以不会去健身房，一部分原因是因为许多去健身的人都喜欢用各种方式来"炫耀肌肉"，相比之下，普通人就会自觉无法练到那样的程度而感到挫败，开始打退堂鼓。因此，PF 的这些禁令实际上是帮助"普通群体"找回自尊的方式之一。

专门针对那些健身"困难户"们，PF 下了很多功夫。

第一，它们做的是月卡会员制，而且月卡便宜到让所有人没有购买压力。月卡让人的决策成本降到极低，之所以做月卡是因为一般人不愿意支付 448 美元的年费（美国健身会员费用 ARPU 值平均 448 美元），这对它们来说是一笔不小的开支，但如果是 10 美元/月的价格基本上就没有人付不起了。

PF 还有一项让健身人士感到匪夷所思的服务，就是在每个月第一个星期一提供免费的比萨。这个传统来自 PF 早期的一次热水故障，作为对当天到店会员的补偿，PF 提供了免费的比萨，会员们满意极了。于是，PF 决定将每个月第一个星期一晚上作为"比萨之夜"。然而由于早上来健身的会员吃不到比萨很失望，PF 又在每月的第二个星期二给这批会员提供贝果面包。于是，它们的宣传变成了这个样子（见图 8-1）。

图 8 - 1　宣传海报：一个月只需 20 美元就能得到比萨

　　或许有人有疑问，这样也太违背健身的诉求了吧？事实上，PF 的管理层干脆宣称，他们的竞争对手根本不是别的健身中心。比如 Chris Rondeau 就曾表示："坦率来说，我们认为 PF 的竞争对手是比萨店、小吃店和电影院。"在 PF 看来，它们要做的是成为客户打发时间的选择之一。于是 Chris Rondeau 还说："别的健身机构把健身宣传为需要培养的习惯，而我个人认为健身更像是一种家务活。"

　　所以健完身吃块比萨，对于普通人而言，不仅无伤大雅，还可以干脆把它看作是对自己燃烧卡路里之后的犒赏。

　　看着 PF 高达 74% 的续约率，你才会明白只有低门槛、低要求的方案，才是更容易达成、更实际的方案。

在店内人员设置方面，PF 没有那些给人压力的教练及总催你买课的私教，只有免费教你一些基本动作要领和提供帮助的辅导员。由于没有教练，PF 也不给会员提供私教或者操课服务。这招其实颇为聪明，既控制了成本及管理难度，又创造出一种让人们舒适的氛围。

在一般人的认知里，上健身房的目的无非是"增肌"或是"减肥"，总是有一个看起来很难达成、很容易放弃的目标，但在 PF 并没有这回事。

PF 希望把在这运动当作生活的一部分，大家是为了健康而来，而不是要做多专业的训练或逼自己减肥。因此在设备采用上，PF 采用以强调有氧运动和心肺锻炼的轻型设备为主，跑步机和椭圆机是其中最主要的设备，而不是那些看起来就吓人的"重型武器"。PF 其他的设备也绝对简单到可以轻易上手。

PF 门店通常只有 200 平方米，只够容纳这些基础器械，无法提供更多场地给操课等使用，但这样却控制了房租的成本。而且，PF 不会对会员的锻炼时间做出强制要求，会员可以随时来，想待多久就待多久。如此一来，反而增加了 PF 会员的满意度。

对于一般健身房而言，教练师资是除了房租之外最重要且最耗成本的资源。首先，每个健身房都希望自己的教练是最专业、最好、最受用户欢迎的。但这样的教练并不多，同时教练这个群体往往并不稳定，可能会带着客源跑去另立门户，对于健身房来说，管理成本极高。但 PF 只提供最入门的器械及服务，对普通人来说使用门槛极低，只需要店内的辅导员简单说明下就满足其服务要求了。

这一方面降低了 PF 对人员的管理难度，另一方面也极大地控制了器械的采购与维护成本。

PF 从来不会做"多余的事"，例如 PF 的店中从来没有游泳池，但是 PF 会做让会员舒服的事，比如设置水床、按摩椅、日光浴设备（为了这些享受型设施，你还必须花更多钱升级到更高级别的会员）等。

不仅有上面这些照顾普通人群的特殊设计，PF 的会员费用也绝对诱人，在这里有以下两个选择。

（1）基础会员：10 美元/月，可以在 PF 所有健身房进行锻炼，并可免费参加 PF 的小组健身指导课程。

（2）黑卡会员：19.99 美元/月，可以使用店中所有设施，比如按摩床、按摩椅、美黑设备等，并可在每次到店带一位客人，这也是 PF 吸纳新会员的一种引荐机制。

这样的价格和服务相较于美国健身房的会员费中位数——61 美元/月。可以说，PF 对普通群体来说是拥有绝佳性价比的首选健身房。

有意思的是，很多专业健身群体也会购入一张 PF 的会员卡。对他们来说，PF 能够提供相对轻型的有氧运动健身场所，并且门店较为密集，适合每天进行日常的体能维护与锻炼。

04 __

PF 如何营利

PF 别具一格的运作让我们不禁担心，这么一家公司真的能赚钱吗？毕竟看起来这么低的价格简直像是在做公益。答案是肯定的。

PF 在 1998 年尝试新模式获得成功，2003 年开始推行加盟模式。由于其品牌认知高、营利性理想，在 2014 年，PF 87% 的新店是由 PF 最初的加盟商开出的，同时有 22 个新的加盟机构在这一年开出它们的 PF 首店。

我们看看 PF 的 EBITDA（税息折旧及摊销前利润），其实是优于很多同行的。在线下业态中，这也是一笔划算的生意。

摊开 PF 财报，会发现其主要收入来源有以下四个。

第一，加盟费用（Franchise）：PF 会向加盟者收取 5% 的会员费抽成，同时加盟者需要另外上缴 1.59% 的总公司相关分摊费用。PF 在收到钱之后，会将其中一部分的钱投入营销之中，替各地的加盟店做推广，借此执行其"全国+地方"双管齐下的营销策略。

第二，佣金收入（Commission）：PF 加盟店的消耗品、营销材料以及店铺维修相关原料必须从总公司购买，总公司则在其中抽成。

第三，设备收入（Equipment）：PF 所有加盟店的运动器材皆由总公司统一购置，总公司要求加盟店 4~7 年就必须更换设备，以维持设备安全性。

第四，自有店面经营（Company-owned stores）：自营部分的收入。

无论从生意的角度还是从投资的角度看，PF 无疑都是成功的。

PF 成立于 1992 年，为美国最广为人知的健身中心之一。2014-2018 年，PF 公司的增长是突出的。

（1）健身房数量从 2014 年的 918 家增长至 2018 年的 1 742 家（包括 1 666 家特许加盟和 76 家自营）。

（2）会员数从 610 万人增加到 1 250 万人。

（3）2018 年全系统销售额为 28 亿美元，年复合增长率为 23.4%。公司收入为 5.7 亿美元，年复合增长率为 20%。

（4）2018 年净利润为 1 亿美元，年复合增长率为 29%。

（5）2018 年，PF 的专营店收入占比为 31%，加盟店收入占比为 24%，设备收入占比为 37%，其他的收入来自广告等其他渠道。

05 _

PF 的壁垒

与竞品相比，PF 有哪些竞争优势或者说壁垒呢？

PF 能够做大的一个优势是，成为这一模式的代表公司并具有很好的品牌效应，也就是定位理论中所说的"完成了消费者的心理预售"。鉴于 PF 做了那么多优化普通人群健身体验的事情，并且已经具有了品牌知名度，只要家附近有这么一家健身房，几乎所有的普通群体都会选择去 PF 办一张卡。因此，PF 要做的就是不断地扩大开店数，把更多的人圈进来。

品牌的价值在业务的表现上会体现出营销成本的降低，这也使得它们会持续构筑起 PF 的护城河。PF 在会员数量上已经达到了全美第一，"鉴于我们的规模，如今我们其实是一架'营销机器'，只是凑巧从事了健身行业而已。"Chris Rondeau 如此表示。

在快速扩张的同时，PF 能够保证每家店铺的服务是标准化、高品质的，从而建立起一个可识别、被认可的品牌。通过令人难以忘记的营销活动和众多的店内标牌，PF 会让人们记住自己的品牌和标语。据 PF 的年报披露，每家店铺正式开业前，会平均签约 1 300 多名会员，这足以证明人们对其品牌的认可程度。

PF 要求其加盟商将会员收入的 7% 用于本地市场营销资源投放，2% 的会员收入则用以支持 PF 的全国市场营销资源投放。

"你这样想一下我们的市场费用，每增加一个会员，就意味着 PF 又能收取会员费的 9% 用于进行市场推广。我们的市场预算就这样不断增长起来。每天，我们销售出去的会员，会让我们进一步地触达普通人群中那 80% 还没有一张健身卡的人。" Chris Rondeau 解释。

另外，PF 还有其他优势。

（1）采购的规模效应．健身器材、装修等可以通过大规模采购降低成本。另外，PF 覆盖了足够广的范围，也使得它的会员服务更有价值。

（2）细致的运营数据。自 2014 年以来，PF 的 EBITDA 利润率大幅增加，这主要得益于每家商店的平均会员人数的增加以及 PF 黑卡会员数量的提高。2018 年，它的直营店的 EBITDA 利润率高达 40.9%。

（3）完善的加盟体系，PF 凭借强大的品牌能力，拥有很强的加盟商议价权。这体现在了较好的账期和现金流上，另外，所有的加盟商还必须从 PF 采购设备（5 年更新一次）。加盟商可以预期的回本周期是一年，从 2018 年的 PF 年报来看，96% 的加盟商拥有不止一家加盟店，24% 的加盟商拥有 10 家以上的加盟店。

06 __

中国市场能出现一个 PF 吗

事实上，PF 在国内已经开始有模仿者了——有一些创业公司打出 99 元包月的方式，试图成为中国的 PF，但只学到了它的商业模式，却没有学到 PF 的服务理念。

为什么这么说呢？

首先，中国的健身行业远远没有美国健身行业发展得成熟。中国目前的健身行业还处在大众接受市场教育的初级阶段，中国的 ARPU/国民收入指数 GNI 的比例为 7.3%，远远高于其他发达国家（美国 0.8%，英国 1.9%，日本 3.0%）。这意味着对中国人来说，健身还是一个"轻奢侈活动"的概念，而不是一个"日常活动"的概念。

在这个应该"做加法"、需要靠专业性教育客户以获取信任的时候，去想"做减法"的事情可能还太早了，更别说这时候去做送比萨等事情了，健身房这样做可能反而会降低消费者对其专业度的信任。

其次，尝试包月可能会让账更加算不过来。包月的目的应该是降低决策门槛，但如果企业敢做包月，就必须对用户的复购率有极高的自信，不然让用户包月的效果可能远不如让用户付年费的效果好，从现金流和收入的角度想这样做都不划算。中国人的健身复购率只有 12%，如果要做包月，必须要在服务、价格、品牌等多个角度让自己远远超过同行，而这是很不容易的事。

事实上，99 元包月的价格或许能够让很多人愿意尝试，但也更有可能被更多人快速放弃。更何况尝试之后，这些人可能很快会被隔壁竞争对手推出的团课项目吸引走，也会被其他竞争对手新推出的搏击操项目吸引走。在很多用户还需要被市场教育的现阶段，获客成本居高不下。如果用户包月后没有复购，那对企业来说显然做了一笔亏本买卖。

再次，定价策略上不能盲目跟风降价。规模化扩张的前提是商业上算得回来账。如果一个线下的生意本身就难以持续，那么无论它是做加盟还是自营，都只会最终走向失败。中国的 ARPU 值高达 550 美元（甚至超过了美国的 449 美元），也就是说，在 3 500 元一年和 99 元一个月之间，其实是有比较多的价格调整空间的。企业需要合理地制定价格策略，99 元包月的价格如果会给自己带来极大的成本压力，就说明不是一个好的选择。

总结来说，现在在中国出现 PF 的时机还没有到来。但是，未来等中国的健身市场渗透率足够大了，人们对健身开始出现分级需求的时候，很可能会出现一个中国版的 PF。

07 __
PF 给行业的启示

在每个行业里抓住最核心的那部分人，虽然能够售出高客单价的产品，也可能凭借专业度提高这些人群的忠诚度，但是只服务于顶尖的小部分人群，也意味着企业市场规模的天花板较低。往往服务于范围广大的普通用户的企业才能获得最大的市场规模。

PF 给我们最大的启示，可能在于在一个已经被深化服务的行业中，核心的人群是最容易被服务到的，因为这些人不用被市场教育、付费意愿高，他们所在的圈子集中容易被企业获取到。但是这些人也存在问题，他们挑剔、对产品价格有充分了解，也容易被竞争对手找到。

这时候，我们或许可以反其道而行之，去服务一些"普通群体"，那些基数更大、更容易满足的人。或许单个人的付费能力有限，但是庞大的基数会弥补这一短板，从而通过差异化的服务策略占领市场。

我们看到的很多重服务的领域中也有类似的案例，一个比较典型的例子就是理发行业，理发是人们一直存在的需求，但是市场上大部分的店铺还是以服务年轻女性为主，以充卡和会员消费为主要的现金回流方式和商业模式。但与此同时，很多男士或是老人、小孩等，觉得花上千元用几小时染、烫头发是一个很难理解的事情，他们需要的可能是更简单、快捷、无压力的服务环境。因此，男士理发、快剪等概念本身是有商业机会的，通过提供更轻的服务去做这些人的生意，这与 PF 的概念不谋而合。

当然，具体执行到定价策略、地域拓展、标准化服务、商业形态和模式上还会因企业而异。只有在运营效率和品牌提升上下功夫，企业才能够获得竞争力。主打"十分钟焕然一新"的日本的 QB House 就是一个例子，再如，中国的星客多在 2018 年获得了 1 亿元的融资，它们主打的快剪模式平均客单价只有不到 50 元。现在已经开店 100 多家，累计用户 200 多万人，男士占 62%，好评度超过 99%。

尽管以中国目前的健身环境出现同 PF 一样的公司还非常困难，但是其模式值得同行业公司和其他行业公司参考。

9

第九章

Allbirds：这家违反商业常识的消费品公司，可能才是未来

本章，我们将介绍的案例主角为 Allbirds。

2019 年 4 月，Allbirds 的亚洲首家店在上海的兴业太古汇开业。这场开业悄无声息——100 平方米的店铺面积，目之所及，只能看到店内展示出来的 20 多款运动鞋产品；LOGO 在鞋底正后方，如果不是仔细去看，几乎看不见；展示出来的 20 多款产品，怎么看都觉得相互长得差不多，看不出有任何设计元素。

Allbirds 几乎违反了人们所有认知中的商业常识——无声无息地开业、店铺商品的极简设置、产品上几乎不可见的 LOGO、几乎无感知的设计、极少的品种。总之一句话，颇为平凡。

正式介绍之前，我先说说为什么会选择这样一家公司。

截至 2019 年 3 月，全球共有 326 家 10 亿美元量级的独角兽公司。其中，Allbirds估值不是最高的，名字也不是最响的，但还是得到了我的关注。为什么是它呢，因为这竟然是一个运动鞋品牌！

在消费领域说到运动鞋品牌的创业，可能大部分投资人都会直接将其列入黑名单。这是一个需求存在已久并已经被很好解决的品类市场，而且市场上的龙头企业已经形成规模，Nike、Adidas等品牌认知也早已深入人心，如果说会出现一个全新的、从零开始做起的品牌，在巨头的包围下异军突起，迅速成为独角兽，这实在是太难了。

然而，Allbirds这家公司自2016年3月推出第一款鞋子后，在短短两年之内仅靠三款产品估值就达到14亿美元，成为新晋独角兽公司之一，以年增速5倍的发展速度创造了新的潮流。

以上这些引发了我对于Allbirds的兴趣。通过对以下关键问题的探讨，希望能为一些身在被品牌垄断的行业中的新品牌提供一些思考。

1. 从功能、时尚再到环保，运动鞋下一个风潮会是什么？

2. 在"一超多强"的市场格局中，Allbirds如何突围成功？

3. 巨头的环保尝试为何只是"锦上添花"，而不能作为核心特色？

4. 品牌内涵与迁移的时代价值观如何匹配？

商业没有绝对正确的模式，商业机会一定来自于变化。因此，我在对每一个项目投资前都要考虑：

这个行业发生了什么变化——When？
为什么是这个新特征/新模式会成功——Why？
为什么是这家公司——Who？

下面，我将开始按照这个逻辑对案例进行分析。

01 __

运动鞋行业发展史

运动鞋的概念兴起于 19 世纪。早期的体育运动项目不多，对运动鞋的要求也只是透气、舒适等。主流鞋款从最早的胶底帆布鞋，发展成 20 世纪 50 年代的真皮鞋面胶底鞋，再到 20 世纪 70 年代的尼龙网布面 EVA 底鞋。

随着运动健康概念越来越深入人心，体育运动逐渐普及，尤其是体育竞技的飞速发展，使得人们对各项运动的需求更加专业，对于弹跳力、透气性、防滑性、耐磨性等产品要求也进一步提升。

运动鞋品牌迎来第一波发展是在 20 世纪中期，在 20 世纪 90

年代迎来第二波发展，并集中出现了一些竞争者（见图9-1）。

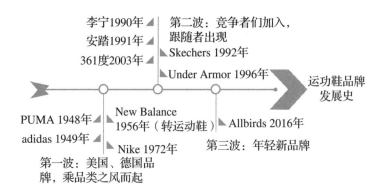

图9-1　运动鞋品牌发展史

1."功能性"的厮杀

整个20世纪，运动鞋的一个最重要的关键词是品类分化。运动鞋不再是一个品类，而是衍生出了一系列的子品类，比如篮球鞋。

品类分化是消费品发展的必经之路，商业的历史发展过程表明，绝大部分强势品牌都是在品类兴起的初期发展出来的。因此，开创和主导一个新品类是打造强势品牌的最佳途径（见图9-2）。

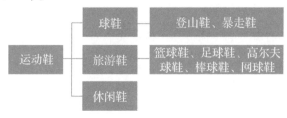

图9-2　运动鞋品类

运动鞋在各种各样新的子品类分化的过程中，"功能性"成为最重要的核心差异。所以，竞争者们进行的第一波厮杀就是关于"功能性"的厮杀，Nike 也正是在这一轮竞争中脱颖而出的。

可以这样说，这一波的竞争是对各项运动中所需要的特殊功能的一次满足，比如弹跳力（篮球）、脚踝的支撑度（篮球）、防滑性（足球）、透气性等，这背后是新材料技术和工业设计的差异化。

可以看到，巨头们几乎都是在品类分化出来的第一波竞争中凭借强大的产品功能性和专业性取胜的。当然，它们在产品的营销过程中对这些功能的强调也很重要，这时候的广告和赞助也是以体育赛事为主的。

2. "时尚性"的厮杀

随着工业化的发展和制鞋技术的普及，在各种分化出来的新品类都开始站稳脚跟之后，给新品类的红利空间缩小，品牌间的竞争越来越激烈，各品牌之间开始了第二波竞争，也就是"时尚性"的厮杀。

为了在消费者心中占据一席之地，运动鞋品牌开始找大牌球星、明星合作，请大牌设计师来设计新系列产品，并且花心思拍出精美的广告、举办创意活动，吸引消费者购买它们的产品。同时，它们的产品也不仅局限在运动鞋，还拓展了运动服装、运动用品等。

02 __

环保概念开始在运动鞋领域兴起

2016 年，Allbirds 诞生，这一年的运动鞋市场呈现怎样的面貌呢？

首先，市场呈现"一超多强"的竞争格局。在当时的运动鞋行业中，篮球鞋的市场地位正在开始下降。行业调研公司 NPD Group 发布的运动鞋报告显示，2013 年，篮球鞋销量在美国运动鞋市场的占比为 13%。但之后，篮球鞋的销量占比就连年下滑，在 2018 年甚至已经下降至 4%。篮球鞋市场占比下降其实还是由价值观时代迁移所引起的，篮球鞋代表的街头文化、嘻哈文化正在被新的宅文化、简约主义文化取代。以前篮球鞋是街头文化的一个重要产物，而随着移动互联网时代的兴起，这一文化也渐渐离主流人群远去。

但篮球鞋过时对巨头们来说可不是个好消息，占据了篮球鞋市场 73.5% 份额的 Nike 以及旗下占据 7.8% 篮球鞋市场的 Jordan 都受到了影响。而由于篮球鞋销量不佳，Adidas 在 2016 年也发布了削减 Boost 技术在篮球鞋上的使用量，相应提高了跑鞋和生活品类等畅销产品的投入。

几乎所有的巨头都开始意识到：要找到运动鞋的新标签，而这些标签中最有潜力的两个可能就是定制化和环保。据 Technavio 的调研结果，环保和定制化是近年来影响运动鞋领域最大的关键词。

定制化和规模化往往是相悖的，定制得越细，销量的天花板可能就越低。不想做小而美产品的巨头们，开始打环保的主意。

1. 巨头们的环保尝试

Adidas 与 Parley for the Oceans 永续发展组织合作，创造了第一款 T 恤及利用回收海洋废弃物制造的部分限量版的概念鞋。

同样，Nike 也已经制定了鞋类回收计划，旨在减少其产品中的"碳足迹"；还开发了"Making"APP，以帮助制造商监控它们的产品对环境的影响；选择环保材料，并生产更具可持续性的产品。

New Balance 对外宣布正进行一项实验，透过在成衣或鞋类的生产过程中减少原料切片的方式，从而控制废物的数量以开发一个零废弃物生产体系。

但从目前来看，这些大牌对环保的关注和尝试还是"公益式"的。环保在它们的产品中更多还是一件"锦上添花"的事，而不作为一个产品核心的特色。

客观来说，巨头们的环保尝试很难改变它们的品牌内涵，大众对它们的品牌认知已经形成，就像明星的"人设"，是优势也是劣势，也是无法彻底改变的。

巨头们不是什么都能做，如果是那样的话，就永远没有新品牌创新的机会了。

2. Allbirds 的环保实践

不同于大品牌们用子品牌或者某一个系列产品去做环保尝试，或者是靠做公益来获得环保的标签，Allbirds 这个品牌从一开始就与环保的理念息息相关。Allbirds 产品的原料主要来自羊毛、桉树和甘蔗。(见图 9-3)。

图 9-3　Allbirds 的可回收材料

Allbirds 既有情怀又有技术，第三项专利"Sweet Foam"（甜泡沫）发明耗费了两年时间和数百万美元，创始人 Tim Brown 却在 2018 年 8 月份决定将这种技术开源了，以便这项绿色环保的技术能够被更广泛地应用于整个鞋业制造领域。

Tim 说："从利他的角度来看，每个人都用它，会对环境有益；从实用主义的角度来看，每个人都用它，制鞋成本就会降下来。"这种似乎有点傻的行为，其实才是让 Allbirds 与环保真正紧密相连的关键。

就像特斯拉的开源行为坐实了电动车第一品牌的地位一样，Allbirds 的开源让它成为环保运动鞋最深入人心的第一品牌。

接下来我们将会分析，用环保来撬动更大的市场，Allbirds 究竟做对了哪些事情呢，以及为什么我认为 Allbirds 占据了品牌制高点。

03 __

如今的硅谷大佬都穿啥"鸟"鞋

如果你仔细观察运动鞋市场的竞争就会发现，这是一个非常高阶的市场——品类不断分化，各类运动几乎都有专属的专业品牌。一般来说，消费品品类分化到这个阶段，商业上最有价值的应该是渠道而非品牌。就像琳琅满目的服装品牌混战多年，就出现了优衣库和 Zara 一样。事实上，迪卡侬在中国的发展确实是一路高歌猛进。

那么，为什么在 Nike、Adidas 巨头林立的竞争态势下，运动鞋市场还会不断有新的品牌出现呢？Allbirds 都做了什么？

1. 保持新材料的研发能力

Allbirds 的产品核心是自主研发的新型环保材料，其产品系列也全部由核心材料命名，这是众多模仿者学不来的，甚至大品牌也很少能做到。

2014 年，退役足球运动员 Tim Brown 在众筹网站

Kickstarter 上发布了做鞋的想法，在 5 天之内就筹集了 12 万美元。之后，在新西兰长大的 Tim Brown 首选了羊毛这一材质，除了羊毛天然环保的属性外，它还具有吸湿排汗、调节温度、柔软度高的特征。但是，此前很少有人把羊毛用于制鞋上，所以一切都要靠自己研发。

Tim Brown 找到了有工程师背景的 Joey Zwillinger，开发出了一种独特的超细美利奴羊毛面料，具有柔软、无痒、耐用、防水、轻盈等特性。正是用这一面料，他们推出了第一个产品系列 Wool Runner（羊毛跑鞋系列），零售价为 95 美元，这一产品也是 Allbirds 的核心代表产品。其特殊的面料和贴合的设计使得这双鞋可以不用穿袜子，即光脚穿着，并且可以直接丢进洗衣机里清洗。

随后不久，Allbirds 在材料的研发上不断突破，又研发出了环保、可持续的新面料"Tree"（树），这种用桉木浆制作的面料与传统制鞋材料相比，可以节约 95% 的水资源和 66% 的土地资源。基于这一材料，它们推出了 Tree 系列（见图 9-4）。

图 9-4　Tree 系列产品：Tree Runner 和 Tree Skipper

2018 年夏天，Allbirds 推出了第三项专利"Sweet Foam"（甜泡沫），以及基于此的第三个产品系列。这种以甘蔗为原料的新型泡沫为鞋子提供了轻盈、耐用的外底，也成为创始人最为之自豪的发明之一。

2. 抓住环保的关键词，并忠实于这个"设定"

Allbirds 对环保的追求，不仅体现在鞋子的材料上。在所有的制鞋过程中，它们也追求对污染的极致控制，以及所有原料的可持续性使用。整个公司内部都没有一次性的产品，甚至连鞋子包装的材料有 90% 都是可回收材料。

3. 与众不同的名人效应

大牌们最喜欢的推广方式就是球星代言，因为这与运动鞋的属性天然相关，而把 Allbirds 捧红的却是一群硅谷创投圈的人。

"硅谷风"有两个典型代表：一个是穿了 12 年三宅一生的乔布斯，还有一个是衣柜有 20 件同款衣服的扎克伯格。另外，那些爱穿格子衫的"扎克伯格们"最偏爱这种既能让自己显得"醉心创业而无心打扮"又能彰显"简约环保的生活方式"的高级格调东西。

投资 Allbirds 的个人中包括星巴克的创始人、著名演员莱昂纳多、Warby Parker 创始人以及早期 Crocs 员工等，这些人迅速引领了硅谷的潮流。

而在硅谷之外，公开宣扬是 Allbirds 鞋子的粉丝的人里也不乏明星和政界人士，包括"赫敏的扮演者" Emma Waston，"脱口秀女王" Opera，甚至有新西兰总理 Jacinda Ardern 等。这些人对 Allbirds 的热爱源自"关心环保，关心人类"的情感连接，并且他们也愿意把这样的产品推广给他们的粉丝和民众。

毫无疑问，这些名人在 Allbirds 早期成名的过程中起到了重要作用。但推广期过后，如何能够继续用口碑留住用户才是值得所有突然兴起的品牌需要深度思考的问题。

Allbirds 的做法是抓住了天然材料和舒适的特性，并敢于提供"30 天试用期，不舒服免费退"的服务，把自己的用户人群不断延伸。之后更是通过推出童鞋，把自己变成了一个家庭全员适用的鞋子品牌。

4. DTC 模式：创造性价比产品，并快速迭代

在商业模式上，Allbirds 选择了直营的方式，不通过任何其他批发渠道面向消费者。Tim Brown 对此的解释是，直营可以使得公司有更好的定价权。同时，直接与用户建立联系也能帮助公司更好地做好开发（直接获取用户各项数据，更快速地迭代产品）。

目前，Allbirds 拥有独立的线上渠道，同时也在旧金山、纽约等地开设了线下店，2018 年 Allbirds 还在伦敦开了第一家海外店铺，开始着手全球化布局。

DTC 模式无疑是可以节约渠道成本和增加产品迭代能力的，但这其实对公司的品牌能力要求很高。因为无论是做线上还是线下交易模式，想让消费者自己来找品牌可不是一个容易的事情。

Allbirds 选择采用这样的渠道模式，也是因为环保为其品牌所创造的吸引力足够强大。2018 年 5 月，Allbirds 公布的数据显示，两年累计销售鞋子超过 100 万双，累计营收超过 1 亿美元。

由于始终采用直营的渠道，为了减少库存和运营压力，Allbirds 采用了精简 SKU 的战略。产品只有羊毛、树、甜泡沫三个产品系列，定价也都是统一的 99 美元。在此之外，Allbirds 还有童鞋品牌 Smallbirds，每双 55 美元。

在未来的产品线设想中，据其创始人透露："未来的产品计划中绝对不仅仅有鞋子，但会谨慎选择 SKU。"

比起一家鞋子公司，Allbirds 更像一个以"可持续"为主打的材料研发公司。或许，我们可以期待未来出现由 Allbirds 推出的服装饰品甚至家居用品等新品类。

04 __

为什么 Allbirds 会出现

总结一下，消费品的成功，无非就遵循"产品+供应链+渠道=品牌"的规律。

Allbirds 的亮点就在于：强调环保的感情共鸣（产品定位）＋新材料研发能力（供应链）＋名人效应（营销手段）＋DTC（面对忠诚的用户最直接且最省钱的渠道模式）。

现在，回到我们在本章开始提出的问题，为什么在一个充分竞争的市场反而还有像 Allbirds 这样的新品牌的机会呢？

事实上，Allbirds 官方网站及宣传材料从未宣传过这双神奇运动鞋的运动功能，所以这双看上去很像运动鞋的鞋究竟会不会被人们穿来运动呢？

即便运动鞋被各种营销手段赋予了更硬核的科技，但生活中又有多少人是穿来运动的呢？事实上，运动鞋早已经脱离了运动的本质，这才是今天运动品牌层出不穷的主要原因。

对于品类分化、功能过剩、设计过剩、包装过剩、过度营销，甚至是专业运动鞋的寿命而言，这个产品都已经变成了短保产品，成了名副其实的快消品。

所以，运动品牌之所以在当下大行其道，其核心原因在于运动品牌所代表的审美正在引领当下大众的审美，那些追逐着审美观的、更多的、不运动的消费者支撑起运动品牌发展持续高歌猛进。

其实，世上本没有"潮"这回事，有的只是人们的审美在不断进步，而审美能持续进步跟经济的持续发展紧密联系。所以，当男女性别人群的社会责任越来越类似，基于传统的性征审美而打造的产品必然受到挑战。

而 Allbirds 棋高一着的玩法，就是高度强调"环保"这一核心的品牌力。

然而，我们发现很多 Allbirds 的模仿者都偏离了这一核心，比如鞋子巨头 Steve Madden 推出的一个类似 Allbirds 的仿款羊毛材质鞋子，遭到了 Allbirds 的起诉，这款鞋子并不像 Allbirds 一样完全使用天然材料，只是模仿了 Allbirds 的设计。

在亚马逊网站上，在外观和名称方面模仿 Allbirds 的小品牌也是层出不穷，这些品牌甚至迅速占领了 Allbirds 的关键词排名，比如 Urban Fox、keezmz 等。

但我认为，单纯模仿 Allbirds 的外形是一个错误的方向。因为这一场"厮杀"的关键词不再是"时尚"了。

新的竞争，是基于品牌背后的文化认同感的"厮杀"。这些 Allbirds 的仿品只是学到了 Allbirds 的皮毛，而不是其环保理念的灵魂。

至于中国什么时候会迎来环保的风潮，环保的风潮又会持续多久，那就是另一个大的话题了，本章暂时不多做延展。

坦白来讲，如果复盘的话，Allbirds 确实是一个我个人很难投出来的项目：明星运动员创业（减分项）；品类毫无新意；技术投入匪夷所思（一个卖鞋的企业要研发新材料，且创始人后来还把甜泡沫技术开源了）；面对的市场竞争格局简直就是蚂蚁和大象之间的战争；并且在渠道如此完善的今天，全部自建渠道直销。

事实上，Allbirds 确实也离成功还很遥远。

但其研发先行，构筑了一系列材料技术壁垒，又从头到脚贯彻了"环保"这一超级定位的运动鞋品牌，还是击中了一批用户的心。

05 __

品牌内涵与时代价值观的迁移

接下来，我还想借 Allbirds 去探讨一下品牌内涵与时代价值观的迁移题。

还是以运动鞋为例，除了"功能"和"外观"这些靠技术和设计营造出来的差异点，品牌的内涵上的差异才是品牌的核心竞争力，品牌内涵传达的是一种生活方式、生活理念和生活态度。

但是，Nike 和 Adidas 这些运动鞋品牌，它们的内涵让人听起来都感觉比较模糊，这种模糊感体现在大多数时候人们只记住了一句朗朗上口的 Slogan 而已。

虽然 Slogan 听起来很酷，但我不会跟朋友说："我觉得 Nike 鞋子很好，因为我觉得'Just Do It'是我的人生信条。"我只会跟朋友说："Nike 是运动鞋第一品牌，品质有保证，最近出了一款新的系列，很漂亮，我们去买吧。"

这里面的本质原因在于，一代代人群的文化内核在迁移，过去的品牌内涵难以被新的人群感知。

在 Nike 兴起的年代，主流思想是敢于创造、努力拼搏的价值观，"Just Do It"是一个很有煽动力的情感共鸣载体。同时，美国街头嘻哈文化所代表的自由、热烈、不羁的文化内核也影响了Adidas和Puma。

随着时代的变化，新一代的美国"90后""00后"们不再喜欢当年的文化。在运动的圈子里，他们更喜欢专业、硬核的东西，并开始热衷于健身。于是，机智的Puma很快把自己的Slogan变成了"Forever Faster（永远更快）"，其产品也逐渐在跑鞋领域里站住脚跟。而健身教练们的最爱Under Armour也打出了"Rule Yourself（统治你自己）"这么一个又专业、又硬气的口号出来，迅速笼络了年轻健身爱好者的心。

那么，新一代人的文化内涵应该是什么样的呢？我们看到的趋势可能是环保、是共享经济、是朴素和本土化倾向、是小众和定制倾向、是有情感连接的消费需求。这些倾向不仅仅出现在运动鞋领域，而是呈现出价值观大规模迁移的现状。

不仅是美国，日本社会的消费偏好也出现迁移，渐渐趋于环保、朴素、休闲的生活方式，MUJI、无印良品就是典型的代表。这是作为第三消费时代中人们对于个性化、差异化、品牌倾向追求之后的"返璞归真"。

本章对所有消费类品牌的创业者的启示之一可能是，面临一个已经被巨头占领的市场，新品牌也有机会突出重围，因为品牌的内涵在不同时代和消费者价值观的连接点是会迁移的。

创造品牌需要关注新一代人的价值内核，并以此去寻找品牌与消费者的价值观共鸣，这可能比简单地满足消费者的某一个场景需求，或者仅仅用低价格去吸引消费者，或者拼命在消费者面前投放尽量多的广告这些传统方法更能占据消费者的心智。只有建立起这样的情感共鸣，才能让一个新品牌在消费市场滚滚前进的洪流中找到自己的一席之地。

第十章

黄尾袋鼠：一瓶葡萄酒的逆袭之路

本章的主角是一个葡萄酒品牌（yellow tail），叫黄尾袋鼠，它是来自于澳大利亚的品牌，却成名于美国（见图10-1）。

图 10-1　黄尾袋鼠葡萄酒

黄尾袋鼠杀入美国市场之时，美国葡萄酒产业面临需求停滞和激烈竞争的现状。当时，美国葡萄酒总市场规模为 200 亿美元，但消费者基数长期停滞不前，人均消费量只排在世界第 31 位；该市场竞争异常激烈，8 家顶尖企业制造了美国市场总量75%的葡萄酒，而其他约1 600家葡萄酒厂总共才生产市场总量中剩余的25%。

然而，黄尾袋鼠却找到了破局的打法，在这样的市场环境下突出重围，很快就升至美国境内进口葡萄酒销售的头名位置。

黄尾袋鼠进入美国市场后的6个月内就卖掉了超过20万箱葡萄酒，2003年它在美国的销量超过了200万箱，其中750mL装的红酒销量超过了加州各个葡萄酒品牌，位居第一。在之后的短短四年时间里，黄尾袋鼠葡萄酒又登上了美国境内进口葡萄酒销量的榜首，占据澳大利亚各类酒在美国市场销量的40%，比五家最大的澳大利亚竞争者市场份额的总和还多，并有高达70%的回购率，这样的佳绩为酒品销量的"奇观"。

黄尾袋鼠不仅在美国取得成功，在全球领先的葡萄酒行业市场调研和咨询公司Wineintelligence发布的《2019年全球20个主要葡萄酒市场中最具影响力的15个品牌》中，消费者连续两年将黄尾袋鼠评为全球最具影响力的葡萄酒品牌（见表10-1）。

表10-1　2019年全球20个主要葡萄酒市场中最具影响力的15个品牌

第一名	澳大利亚黄尾袋鼠
第二名	智利红魔鬼
第三名	澳大利亚杰卡斯庄园
第四名	美国嘉露酒庄
第五名	法国木桐嘉棣

（续）

第六名	法国香奈葡萄酒
第七名	美国蒙大维酒庄
第八名	美国加州乐事
第九名	美国蒙大维木桥酒庄
第十名	智利猫牌葡萄酒
第十一名	德国贝灵哲酒庄
第十二名	澳大利亚利达民酒庄
第十三名	美国贝尔福特酒庄
第十四名	澳大利亚禾富酒庄
第十五名	智利干露远山系列

　　黄尾袋鼠的市场打法在很多其他行业中也能找到成功案例。比如茶叶行业的立顿，立顿没有像传统茶叶品牌那样强调茶叶的产地、品种、成熟期等指标，而是对带给消费者巨大使用价值的茶包进行了创新。再如服装行业的优衣库，抛弃了繁杂的设计与对时尚元素的宣传，重新从人的需求出发，主打使用基本款的面料创造舒适感。中国的白酒创新品牌江小白也使用类似的打法，没有像传统白酒品牌强调酿造的工艺、产地，而是从品牌和情感出发，生产年轻人喜欢的白酒。

　　接下来，我们就来详细分析黄尾袋鼠的发展之路。

　　通过阅读本章内容，你可以对如下问题产生更深入的思考。

　　1. 如何快速发现一个陌生市场的痛点？

2. 如果市场竞争异常激烈，新品牌要怎样巧妙切入？

3. 产品的情感属性和功能属性，不同阶段消费者更看重什么？

4. 中国的葡萄酒市场还有多少想象空间？

01 __

早期的黄尾袋鼠

20 世纪 50 年代，来自意大利西西里岛的移民 Filippo Casella 和 Maria Casella 来到了澳大利亚，这对夫妇出身于酿酒世家。1969 年，他们创立了卡塞拉家族品牌。20 世纪 60 年代，他们购买了一个不到 40 英亩的葡萄园，从那儿开始了最初的酿酒营生。

1994 年，创始人夫妇的儿子约翰从查尔斯特大学的葡萄栽培及酿酒学专业毕业后接管了这个小型的家族企业，开始为澳大利亚的大型酿酒企业生产葡萄酒，在很短的时间里将整个卡塞拉酒庄的经营规模扩大了 10 倍。

但约翰并不满足于此，而是希望可以发展美国市场。但是，这样一个规模不大且未得到广泛认可的澳大利亚葡萄酒厂，想要在美国这种竞争激烈的高端葡萄酒市场出售产品非常困难。为此，他专门从一个以出口葡萄酒为主要业务的竞争者那里高薪挖来了一个富有经验的管理人才。

　　不久后，公司很快开发出了一个全新的葡萄酒品牌——卡拉马庄园，并推向美国市场。可惜的是，这个品牌与美国市场上已有的众多葡萄酒品牌并无太大差异，无论是口味、包装还是营销手段都与市场同类产品大同小异，消费者对此反应冷淡，经销商们也无动力推动，卡拉马庄园品牌第一年的销量只有2万箱，不久就从市场上偃旗息鼓溃退了下来。

　　卡拉马庄园这款产品看似令人失望，但实际上却是一剂催化剂，它促使John重新思考应该如何在美国葡萄酒市场中展开竞争。

　　当John仔细考虑要如何生产一款更有特色的葡萄酒时，他决定向传统思维以及葡萄酒口感、成本、市场推广、零售方式等行业标准发起挑战。换句话说，他不打算重新加入混战，而是决心开拓一片蓝海市场。

02

黄尾袋鼠的战略

　　当时的美国葡萄酒市场看似非常成熟，行业格局稳定，但如果站在消费者角度看，其实存在不少问题。

　　第一，品牌定位过于高端，目标人群定位过窄。当时，美国葡萄酒市场的几个主要商家一直将其增长战略定位在高端市场上，投入千万元的广告费进行市场推广，希望影响那些受过教育、拥有高收入的专业人士。而这种定位在精英人群的市场形象与普通大众的偏好格格不入。

第二，大众喜欢的口感这一要素未被企业重视。美国葡萄酒业乐于把葡萄酒塑造成一种具有悠久历史和传统的细腻饮品，并认可经葡萄酒展裁判制度认可的品位标准，但实际上，美国大众排斥葡萄酒的重要原因之一是其酸涩的口味。

例如，一款高档法国葡萄酒在美国出售时可能会在标签上做如下描述：产地富腾古堡（Château de Fontenille）占地 65 公顷，物产丰富，其中 40 公顷用来种植葡萄藤，紧邻拉索沃修道院（La Sauve Majeure）。葡萄经过 18 个月的熟成，其中 9 个月储藏于橡木桶中，另外 9 个月储藏在大桶中。这款葡萄酒非常温和，果香浓郁，口感柔滑，保存良好的话可以放置 5 ~ 7 年。

第三，品种过多，包装故弄玄虚，增加消费者选择成本。美国的葡萄酒生产商向消费者提供了品种纷繁的酒产品，酒瓶外观的标签上故弄玄虚地印着制酒工艺术语，也许只有葡萄酒专家或业余爱好者才看得懂。市场可供选择的种类如此繁多，连零售商店的销售员都搞不明白，更令一般消费者不知所措。

第四，6 ~ 10 美元档产品缺失。高额的营销、渠道费用使生产低价位酒的厂家被挤得没了位置，美国的葡萄酒市场中 6 美元至 10 美元价位之间的葡萄酒不见了踪影，消费者们要么咬牙选择品尝昂贵的进口酒，要么就屈就于选择那些口感较差、价格低廉的劣质酒。

黄尾袋鼠选择了与传统的葡萄酒厂商不同的战略，没有进行大规模广告宣传，也没有对外着重强调其葡萄产地、酒庄、酿造工艺等指标，而是从大众消费者的真实需求出发，关注"易饮、易选、有趣"三点，走了一条完全不同的发展道路。

首先，品牌形象活泼生动，目标消费客户容量大。黄尾袋鼠品牌强调亲和性：其宣传语为"一片伟大的土地——澳大利亚之精华"；标签和包装上小写的黄尾字样，加上瓶身上所展示的鲜亮色彩和袋鼠图案，都与澳大利亚的特点相呼应。相比于定位于精英人群的传统葡萄酒品牌，黄尾袋鼠更加活泼亲民，易被普通大众所接受（见图 10 - 2）。

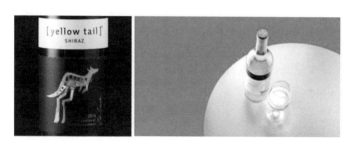

图 10 - 2　黄尾袋鼠品牌形象

其次，黄尾袋鼠对传统葡萄酒口味进行改造，口感新颖易入口。黄尾袋鼠葡萄酒减少苦涩味道，加重甜味，并将口味分为原味和各种水果味，这马上得到了大众消费者的喜爱。虽然有葡萄酒业内人士评判黄尾的香甜果味降低了葡萄酒的品质，与优质葡萄酒的鉴赏艺术以及传统的制酒工艺背道而驰。但是，黄尾袋鼠却获得了广大消费者的青睐。

再次，减少品种，主打"大单品策略"，摒弃传统葡萄酒复杂、难懂的酒标。黄尾袋鼠大幅减少了葡萄酒的品种，初期只推出了两个品种——在美国最受欢迎的白葡萄酒霞多丽（Chardonnay），以及一种红葡萄酒西拉子（Shiraz）。同时，它摒弃了所有葡萄酒行业晦涩难懂的技术术语，只在瓶子上贴上醒目、简单、非传统样式的标签。

黄尾袋鼠还大幅度降低了葡萄酒行业一贯注重并用来评判一瓶酒质量的传统指标，如丹宁工艺、橡木发酵、年份品质等。黄尾葡萄酒不注重年份，这使得长期窖藏所占用的营运资金减少，产品的市场回报周期缩短。

第四，黄尾袋鼠价格经济实惠，适合每个普通人消费。黄尾袋鼠的价格极具竞争力：标准容量的产品售价是 5~6 美元，1.5 升容量的产品售价是 11 美元。结果，除了原有的葡萄酒消费者，还吸引了很多以前不喝葡萄酒的用户购买。

第五，轻松、愉快的传播方式。黄尾袋鼠刚开始进入美国市场时，让葡萄酒商店的店员戴上土著居民布须曼人的帽子，甚至连运货的货车司机都要穿着澳大利亚风格的衣服，巧妙地利用了美国人对澳大利亚充满乐趣与冒险的印象来给品牌赋能。

黄尾袋鼠后期开始在各个媒体上大量投入广告，强化黄色尾巴的形象与视觉效果并与独立电影频道合作，加强公司商品的宣传力度，拍摄的广告轻松有趣（见图 10-3）。

此外，为了平衡生产商与经销商的利益，黄尾袋鼠采用了

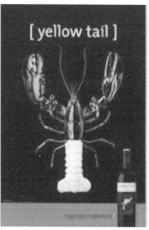

图 10-3　黄尾袋鼠的形象与视觉效果

十分大胆的商业策略——与美国的酒类进口商杜士公司成立了一个各占50%股份的合资企业，这让杜士公司很快将自己在美国44个州的分销渠道开放给黄尾袋鼠。

通过以上措施，黄尾袋鼠葡萄酒在美国可谓一炮走红。不到六个月，其销量便超过了22.5万箱。第一批货卖出的速度太快，导致黄尾袋鼠不得不使用运输成本高昂的飞机来补货。

到了2002年，黄尾袋鼠上市刚满一年，其葡萄酒销量就跃升至120万箱，成为美国市场上销量排行第二的澳大利亚品牌葡萄酒。到了2006年，其销量超过了800万箱，这一销量相当于排在黄尾袋鼠葡萄酒之后的五大澳大利亚厂商产品销量的总和，也相当于美国市场上法国进口葡萄酒销售总量的70%。

　　当然，黄尾袋鼠能取得成功，除了自身的战略布局外，还包括美国年轻人易于接受新品牌的文化、市场正处于代际品牌更迭时间段等非常关键的因素。

　　更重要的是，黄尾袋鼠在葡萄酒被赋予更多情感属性时，适时满足了消费者对葡萄酒新的功能性要求。就像 John 所说："人们已经不愿再被那些虚无缥缈的、不知所云的有关葡萄酒的广告和宣传所蒙蔽，喝酒就是喝酒，哪来那么多的讲究。"

　　黄尾袋鼠通过打破美国葡萄酒市场过度包装的僵化产品定位，从消费者的角度出发重新考虑葡萄酒这一品类给用户带来的实际价值，剔除了其他所有因素，同时创造了行业的三个新因素——易饮、易选、有趣。所以说，黄尾袋鼠不是一个新的葡萄酒品牌，而是重新创造了一种老少皆宜的大众饮品品牌。

03 __
我们的思考

　　葡萄酒这一古老消费品品类，经历了从自然发酵到人工发酵的漫长过程。随后，市场上陆续出现了产地品牌（如法国波尔多和勃艮第等酒庄品牌）、细分品类产品品牌（起泡、红葡萄酒、白葡萄酒品牌）、随地理位置变化与科技进步产生的"新世界"品牌等各类葡萄酒品牌。

　　而黄尾袋鼠则是抛弃所有历史标准的、基于产品价值创新的新品牌。无独有偶，2019 年在美国销量第一的餐酒品牌贝尔福富特（Barefoot）也拥有类似的定位与发展路径。

回看国内的红酒市场，也有类似的企业。

据中金公司证券研究部的数据显示，2018 年中国国产、进口葡萄酒总量同时出现下滑，葡萄酒行业进入阶段调整期。一方面是因为中国消费者的消费行为更加成熟、理性，另一方面是因为消费者对价格虚高的国外葡萄酒品牌不再买单。

在这种情况下，张裕推出的大单品品牌"解百纳"持续占有着中国国内市场。"解百纳"的产品分为优选级 88 元、特选级 118 元、珍藏级 199 元、大师级 298 元，弥补了中国中档葡萄酒市场上的空缺（见图 10-4）。

图 10-4 张裕"解百纳"品牌

"解百纳"品牌的产品在 2016 年销售突破 10 亿元，但和黄尾在美国的发展速度与市场规模相比，仍然有一定的差距，其主要原因有如下几项。

市场规模不同。中国国内消费市场的酒类产品仍然以白酒、啤酒为主，红酒不是主力消费产品，人均红酒消费量远低于美国、法国等西方国家，并且在相当长一段时间内很难出现爆发式增长。

"解百纳"品牌定位还不够明晰。虽然"解百纳"主打中档葡萄酒消费市场，但仍没有脱离张裕的产品体系，给消费者的感觉是张裕的一条产品线，很难区分与张裕旗下其他单品的不同点。而黄尾袋鼠则与当时美国市场上的传统葡萄酒品牌完全不同，有自己独特的定位与目标人群。

营销方面，"解百纳"品牌没有独有的主打定位和品牌精神，视觉设计也不够突出。而黄尾袋鼠从一开始就突出了年轻化、时尚化的品牌形象，轻快明亮的颜色和独特的袋鼠LOGO都让人印象深刻。相比之下，解百纳整体风格和传统葡萄酒并没有区别，仍然是传统的酒瓶、酒标设计。

或许，张裕公司可以推出一款对标黄尾袋鼠价格带的葡萄酒（30~40元），产品抛弃原有的瓶身颜色、酒标样式，推出全新的形象——轻松明快的风格、简单易懂的酒标、容易操作的螺旋盖、大众更喜欢和更易入口的风味等。通过打造全新的品牌形象，撬动国内葡萄酒行业更大的蓝海市场。

跨出行业原有的经营思路、打破固有的竞争格局、从消费者的角度出发打造新品牌是黄尾袋鼠成功的最大武器。

最后，希望黄尾袋鼠的案例能给新品牌以启发。

11
第十一章

Casper: 突围床垫市场，蚂蚁如何挑战大象

蚂蚁如何挑战大象？每个新品牌要想从巨头林立的市场中突围，必然得有自身的独特打法。

在之前介绍的 Allbirds、黄尾袋鼠等案例中，我们提到一个观点：跨出行业或者领导者制定的市场规则，单纯从消费者需求的角度出发，独立思考产品的逻辑，这是打造新品牌最有杀伤力的方式。这种方式在多个不同行业屡试不爽。今天的案例主角 Casper 在有着百年历史的床垫行业中仅用五年就成为独角兽企业，再次验证了这一观点。

不仅如此，通过 Casper 的案例，我们还发现了此类消费品创业的套路与有效打法。

首先，我们了解一下 Casper 的融资情况，从好莱坞巨星到零售巨头，再到明星投资机构，Casper 的股东可谓阵容豪华。

接着，再让我们看一下 Casper 的公司网站。只有三款看起来"其貌不扬"的床垫，加上少量床品，网站风格简单、朴素，没有过多炫酷的产品介绍，但却喊出了"The Best Bed for Better Sleep"的口号（见图 11 - 1）。

图 11 - 1 Casper 官网

最后，我们来看看 Casper 在短短几年内所取得的成绩。Casper 公司成立于 2014 年，在 2017 年即取得超过 3 亿美元的销售额，成为排名全美前五位床垫品牌（按公司销售额排名），在 2018 年收入超过 4 亿美元，并获得由美国商业杂志《Fast Company》授予的"2017 年最具创新公司"荣誉。

Casper 能在传统到乏善可陈的床垫行业，以这样惊人的速度取得不俗的业绩，由此我们开始思考以下问题。

1. "破坏型创新"的典型战场是怎样的？

2. 如何分辨被过度解读的需求和消费者的真实需求？

3. DTC 模式的优、劣势及适用阶段是什么？

4. 社交媒体给了新品牌弯道超车的机会吗？

5. Casper 从红海市场中找到蓝海市场，有哪些可借鉴的套路和打法？

01 __

百年行业，竞争格局稳定

让我们从美国的床垫行业历史说起。美国拥有世界上床垫行业发展最早、最成熟的市场，自从席梦思在 1876 年发明了世界上第一款弹簧床垫，至今已经有 140 多年，像舒达、丝涟等也都成为百年品牌。

行业早期发展阶段，在市场渗透率和用户快速提升的时候，各个品牌依靠技术研发驱动抢占市场，各家都有自己的专利技术和创新产品并进行着差异化竞争，位于市场头部的几大品牌依靠在技术研发、渠道和广告营销方面的优势，逐步拉开了与竞争者的差距，行业集中度开始提升。特别是在弹簧床垫市场，竞争格局稳定，席梦思、丝涟、舒达品牌的市场占有率大幅领先。

20 世纪 80 年代，美国床垫零售巨头 Select Comfort 创立并推出了首款可调节充气的床垫；1991 年，著名家居品牌泰普尔推出了首款太空记忆棉床垫。两个新品牌通过产品创新占据了一块新的市场，给稳定的竞争局面带来了一丝波动。

进入 21 世纪，美国床垫市场的规模基本停止增长，行业集中度增高。伴随着头部品牌的兼并与收购行为增多，其不断整合了技术、渠道、营销方面资源，领先优势不断扩大。

02

头部品牌优势明显，市场看似已经没有机会

经过百年发展，头部品牌已经在该行业的产品、技术、渠道、营销、知名度等各个方面建立起了全方位的领先地位。对于市场新进入者来说，看似已经没有任何机会了。

首先，从产品研发和设计上来看，头部品牌一方面拥有百年的技术积累，不断在各自领域优化产品且专利众多；另一方面，头部品牌在产品开发环节不断细分市场需求，推出了丰富的产品线，不同型号、不同软硬度、不同技术组合的产品简直令人眼花缭乱。

以舒达为例，仅在中国市场就拥有进口系列、完美系列、生活系列、青少年系列、经典系列、酒店系列和家系列等七大床垫系列产品，超过 80 个品种，极尽所能地满足了的各种细分需求。

其次，床垫作为大件耐用消费品，体积庞大、运输不便，消费者对其的体验需求强烈，因此，线下专业渠道一直是消费者购买床垫的主要场景；各大头部品牌渠道布局完善，线下门

店覆盖范围广泛，并且与渠道方合作关系稳定以及给予渠道方较高的利润空间，使得新进入者很难进入优质的传统线下渠道。

截至 2015 年年初，泰普尔、丝涟品牌在全球共有 32 300 个线下零售网点，其中泰普尔和丝涟的网点分别为 15 400 个和 16 900 个，北美地区和海外地区的网点数量分别为 21 100 个和 11 200 个，而席梦思则在北美拥有 3 300 个零售商、超过 15 500 个网点。

数量众多、遍布城市乡镇的销售网点成为美国床垫龙头巩固市场份额的、极强的渠道护城河。

最后，各大头部品牌投放了大量的广告和做了很多公关营销工作，不仅率先抢占了消费者心智，牢牢占据了各细分类目领导地位（如席梦思是弹簧床垫发明者、高端弹簧床垫代表品牌；丝涟是产品最全的弹簧床垫代表品牌；泰普尔是高科技记忆棉床垫代表品牌；Select Comfort 是充气床垫代表品牌），而且通过各种宣传，不断持续加深对消费者的教育。头部品牌长期在市场上展示也使得消费者在床垫这一低频消费品类的选择上更倾向于这些"听过"的品牌。

头部品牌在品类发展早期通过技术领先占据了优势地位，后期通过渠道覆盖以及大范围的广告、营销投放不断扩大优势，增加市场销售，其从市场获得的丰厚收入反过来进一步为品牌的科技、产品研发提供支持，良性的循环似乎为领先者们积累了越来越高的壁垒，市场格局越来越有利于头部品牌，新进入者完全看不到胜出的希望。

03 __

看似牢不可破的市场，却存在新的消费者需求

越是竞争格局稳定的市场越有可能发生颠覆式创新，市场壁垒看似牢不可破，但破坏者总能找到切入点。

当各大头部品牌沉迷于自己完美的增长模型时，消费者却变得越来越迷茫。

我想买一张舒服的床垫，可你（品牌商）告诉我的是各种炫酷的黑科技、数据指标（几十种不同材料、几百种组合，大品牌都在比拼谁的产品更复杂），十几个系列、上百个的品种，让我完全无法对比、无法决策。

我想买一张便宜的床垫，你却告诉我："我们品牌定位高端，价格上不封顶，但最低要 1 000 美元起。因为我们不仅有各种专利技术，还有着装饰奢华的门店和体验中心，而且我们还花了很多钱做广告，不卖这么贵我们赚不到钱。"

我想要深度体验一下产品，好做购买决策，但实体店最多只能给予几十分钟的试躺体验，消费者往往在购买后使用几个星期就后悔了，但产品的不退换政策以及高昂的退换货费用让大家望而却步。

在供给端看来成熟、毫无机会的传统市场，从需求端看却

充满了各种痛点。一个被过度解读、过度满足的需求；一个被过度开发、功能供给过剩的产品；一个貌似竞争格局已经稳定的市场；一个历史悠久已形成规则的行业；就是"破坏型创新"的典型战场。抓住千载难逢的机遇，Casper 横空出世。

04 __

Casper 的诞生

买床垫大概是消费者在消费时最令人不爽的购物体验之一了，Casper 的 CEO Philip Krim 对此深有体会，仅仅在床上躺那么短短的几分钟时间，永远无法体会到所选床垫是否真正适合自己。

Krim 希望纠正床垫商店借助样品展示间来销售床垫的谬误，他坚信这种方法不能让用户挑选出更适合自己的床垫，"零售商通常会在样品展示间设置不同级别的商品，然后引导你逐渐走向似乎更舒适自己同时价格肯定更高的床垫。"

我们一生中有 1/3 的时间都是在床垫上度过的，相当于如今我们使用智能手机的时间。通常，我们每两年就会花费约一千美元换一部手机，却从未考虑过要去更换床垫。不仅因为购买一张高端品牌床垫要花费 2 000 美元以上，更因为购买床垫不得不花费大量的搬运时间，一想到这，消费者马上打消了更换的念头。

于是在 2014 年，Krim 决定创办一家公司在网上售卖优质床垫，Casper 随之诞生，并在当年推出了第一款产品。随后，Casper 走上了四年之内估值超 10 亿美元、销售额冲进行业前五的飞速增长之路。

05 _

Casper 到底做对了什么

打破行业竞争维度：不再与竞争对手比拼消费者听不懂的专利技术，不再过度进行品类细分，从消费真实诉求出发，为消费者提供看得懂、买得起、用得好的床垫。

跨出行业原有经营思路：不再依赖线下经销商和体验店等渠道，不再通过电视、广播等传统媒体投放广告。

如果用一句话概括 Casper 的成功，那就是"从消费者真实需求角度出发实行破坏性创新"。

1. 重塑产品，满足消费者核心诉求

根据数据反馈，Casper 开始重视产品功能性本身，去除冗余功能。

Casper 通过调查发现，美国消费者对于床垫材质的喜好中，记忆海绵、海绵排在前列，领先于乳胶，更大幅领先于弹

簧。Casper 工程师结合消费者调研结果进行产品的研发，历时半年推出了一款四层海绵材质的床垫。没有复杂的专利技术，消费者认得每一种材料、知道每一层的功效。但这又不是一张普通的床垫，为了满足消费者高品质睡眠需求，Casper 的工程师对各层海绵的密度、厚度进行了上万次测试，他们坚信这款产品能让 99%的消费者满意。

就这样，Casper 轻松突破了头部品牌们几十年对产品重大投入形成的技术壁垒（事实上，大量专有技术名词除了让消费者望而却步之外，毫无意义），轻松进入了消费者的心智：适合所有人的床垫，简单且舒适。

就像在运动鞋领域，Nike、adidas 等巨头针对不同用户、不同场景，不断研发新技术、开发新功能的时候，Allbirds 化繁为简，回归消费者希望鞋子"舒适"这一简单诉求，推出了极致产品而获得成功；就像其他葡萄酒品牌商不断强调庄园、年份、酿造工艺等专业指标的时候，Yellow Tail 回归消费者对于葡萄酒好喝这一简单诉求，推出了易饮的极致产品，并获得成功。Casper 在产品上同样采用了破坏性创新，并获得成功。

2. 极简 SKU，最大程度降低消费者的选择成本

Casper 从用户角度出发，不过度进行产品细分、不追求过度功能，只用一款产品切入市场。与席梦思、舒达等传统品牌设置十几个系列、上百个品种，但各产品间的差异小到甚至连销售人员都分不清楚不同，Casper 一开始只推出一种产品。这

一点又与上文 Allbirds、Yellow Tail 的成长路径几乎完全一致（见图 11 - 2）。

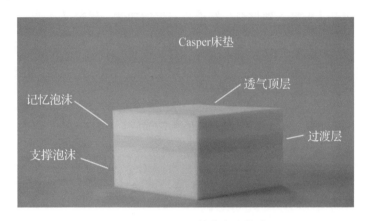

图 11 - 2 Casper 首款产品构成

即便现在，Casper 也只是在原来基础上增加了两款产品（分别多一层和少一层海绵）。极度精简的产品大幅降低了消费者的选购难度，更大的单品生产量、更简单的生产工艺以及更高效的排产规划，能够让 Casper 的规模效应得到体现。即便在初期销量不那么高的时候，Casper 也有与各大头部品牌在生产成本上一较高下的能力。

3. 产品创新，改善购物体验的同时解决了消费者的痛点

简单但有新意是 Casper 产品的显著特点，就像 Allbirds 不仅好穿，也很环保；Yellow Tail 不仅好喝，包装也很特别；Casper 更是创造性地开发出了 Mattress in a Box（盒子床垫）的概念。

　　由于产品由四层海绵材质构成，可以压缩并装入一个盒子中，利用普通物流即可送到用户家中，消费者在家可以便捷地拆开盒子并自行安装床垫，Casper 这一举措带给消费者焕然一新的床垫购买体验，同时解决了运输不便和物流成本高的问题（见图 11 - 3）。

图 11 - 3　盒子里的床垫

4. DTC 模式完全改变了传统品牌的成本费用结构

这种成本费用结构直接大幅降低了产品售价，避开与传统巨头在渠道上竞争，让消费者能够更加简单、便捷地购买产品。

Casper 采用 DTC 的模式进行销售，一方面是因为传统品牌在线下渠道占据优势，Casper 作为后来者，很难在门店位置、渠道合作条件等方面占得优势，巨大的线下渠道铺货、库存压力也是新品牌难以承受的。

另外更重要的是，Casper 希望通过全新的渠道给用户带去完全不同的购物体验。相比之前用户需要开车几小时去各个专卖店试睡、对比、砍价、付款，然后自己运回产品或者支付高价等几周后物流公司将产品运过来，在 Casper 购买产品，用户只需要打开网页，点击两下鼠标，最快两天时间产品便可被送货上门。

DTC 模式也不是万能的，往往带来快递费用高、独立获客成本高等弊端，为此 Casper 也在渠道运营上进行了大量优化工作。首先，还要感谢盒装床垫带来的好处，大幅降低了产品的快递成本，Casper 在此基础上创造性地提出了 100 天试睡和免费退换货政策，让用户能够真正深度地体验产品。这不仅消除了消费者对线上购物的顾虑，还解决传统床垫品牌一直存在的问题。即便有一定的退换货概率，Casper 也能轻松负担其中的费用。

另外，公司产品由简单的材质构成，消费者试用过的产品可以很容易地被重新加工成为一张全新床垫，退货后的损耗极小。

5. 话题营销，拥抱新媒体渠道

Casper 通过话题营销使得床垫这一乏善可陈的功能性消费品成为话题，让众多消费者参与讨论传播。

对于独立获客难的问题，Casper 深谙"精益创业"的道理，早期通过运营社交媒体对用户需求进行了测试，完成了对产品的价值验证。

第一阶段，Casper 在谷歌进行关键词投放，严控 ROI，保持投入产出比在 3 倍以上。随着时间的推移，ROI 逐步下降，但消费者规模呈快速增长趋势。

第二阶段，Casper 开始测试其他用户渠道，在 Youtube、Twitter 等新媒体投放营销信息，获得新渠道的用户流量红利。

第三阶段，Casper 开始投放线下广告，但不同于传统品牌是，Casper 更偏重于营销品牌，并尽可能地确保广告投放的可监控性（比如打折码追溯用户来源），实现高效、可控的宣传。

就这样，Casper 轻松突破了头部品牌们的渠道壁垒，利用产品和渠道的创新，不仅带给消费者全新的购买体验，还通过 DTC 的销售模式大幅提升了产品流通和销售效率。

通常，由于床垫的高价、低频属性，各渠道对于品牌方都要收取较高的费用，一般加价率在 1 倍以上。Casper 将产品售价降低到了对标品牌售价的一半左右（2 000 美元降至 1 000 美元），就像 Warby Parker 打掉了眼镜渠道的利润、Brandless 打掉了日用品的渠道利润、Dollar Shave Club 打掉了刮胡刀的渠道利润一样，Casper 也打掉了床垫中间商的利润，实现了渠道上的破坏性创新（见图 11 - 4）。

图 11 - 4　Casper 经典四层产品定价

6. 避开传统巨头的营销壁垒

从更多消费者所在的网络、社交媒体渠道切入，以消费者更信任的公关方式进行品牌营销。比如，Casper 在 Facebook 上组织床垫开箱话题，并迅速得到传播，将原本只有美妆、数码产品才会使用开箱方式快速延展到了家具领域，掀起了一波讨论高潮，不仅获得大量普通用户的关注，甚至吸引了很多明星参与转发该话题（见图 11 - 5）。

Casper 在线下也是活动不断，一边通过睡眠旅行车（见图 11 - 6）来吸引用户关注；一边又于 2018 年在美国纽约核心地区开设了永久睡眠体验店（见图 11 - 7），不断提升品牌的线下曝光度。

图 11 - 5　床垫开箱

图 11 - 6　Casper 移动睡眠仓

图 11 - 7 Casper 纽约永久睡眠体验店

差异化的投放策略不仅让 Casper 避开了资金的短板，不必与巨头们在传统广告市场竞争；更顺应了消费者关注点的变迁，抓住了社交媒体红利，为品牌的快速崛起提供助力，这是 Casper 在营销投放上的创新。

"全美开设 200 家线下门店，进驻各大传统零售渠道"成为 Casper 完成了轮融资后的渠道新战略；"成为睡眠界的 Nike"成为 Caspe 完成了 D 轮融资后产品和全球扩展战略。

进入传统品牌的强势区域，开始直面竞争的 Casper 到底能有什么样的表现，让我们拭目以待。Casper 在市场中突围的经验值得国内品牌好好学习一番：打破行业原有规则，避开巨头固有优势，从消费者的真实需求出发寻找破坏性创新机会，是我们从 Casper 身上学到的最重要的一点。

06 __

国内床垫市场的机遇

与 Casper 在美国面临的红海市场不同，国内的床垫品牌拥有着更好的市场：一个快速增长（年均增速 15%）、潜力巨大（渗透率不到美国 1/4）的全球第一床垫市场。

这一品类快速增长的阶段，也是各个品牌充分享受市场红利期的阶段，行业集中度分散，不仅对于创业公司来说存在着机会，对于传统的床垫品牌一样存在着快速增长、提升市场份额、并购整合的好机会。

Casper 的成功带来了几个重要的启示，给国内传统品牌以及创业品牌在与席梦思、丝涟、舒达等外资巨头竞争时提供了新的视角。

首先，在产品上，针对中国人群的需求进行优化、精简。席梦思、舒达等更多依赖全球研发和供应链优势，不能够针对中国人的身体体征（比如体重、身形）和睡眠习惯（软床或硬床）进行针对性开发。国内品牌可以针对这一要点，深入开发更适合中国人睡眠的产品。同时精简 SKU，提升单个产品的规模经济性。

其次，在渠道上，充分利用发达的电商渠道，更快速、更直接地接触消费者。需要注意的是，在电商渠道销售的产品需要不断创新，类似于 Casper 的盒子床垫，在提升用户体验方面下功夫。

最后，在各大社交媒体上营销。中国拥有全世界最发达的短视频、直播媒体，拥有流量巨大的导购类网站，相比于成熟的美国市场，中国市场拥有更多的新增用户。充分利用这类新社交媒体，可以快速、低成本地获取新用户，相比于美国市场中的新品牌，中国市场中的新品牌可能拥有更高的成长性。

Casper 在一个拥有百年历史的传统消费品领域，通过对消费者真实需求的洞察，利用破坏性创新，开辟了一条独角兽的成长之路，这样的打法值得学习。

在制造业已经高度发达的现代，其实有很多品类中的产品的功能性早已供过于求，但头部品牌们为了竞争、为了获得利润，还在持续不断地研发更加复杂、更加昂贵的新品。

在这样的品类里，往往存在着巨大的创新机会：化繁为简，满足消费者真实的基本需求，并为此优化其他渠道、营销方面的配称，从而获得成功。

12

第十二章

HFP: 美妆品牌的黑马之路

近年来，国际投资者最关注的赛道有哪些？

答：彩妆和护肤。这个赛道累计投资、并购数量近 50 起。

那么，什么样的国际美妆公司可以在激烈的竞争中脱颖而出并获得资本的青睐呢？为了回答这一问题，我研究了近 10 年在国际上获得融资的美妆公司，并选择了部分典型案例（见表 12-1）。

表 12-1　美妆企业典型案例

公司名称	公司介绍
Deciem	2013 年创立于加拿大多伦多，公司品牌 the ordinary 主打化学成分原液受到众多明星推荐成为网红品牌
Tatcha	Tatcha 是一家美国高端护肤品牌，受到日本艺妓的美容方式的启发，沿用简单的护肤方法，成分包括日本野玫瑰、阿巴卡叶、胶体燕麦等

（续）

公司名称	公司介绍
Codex Beauty	Codex Beauty 是一个清洁护肤品牌，致力于向所有年龄和皮肤类型的消费者提供纯天然、科学的美容产品，它的产品皆以传统草药为原材料
BioClarity	BioClarity 是一个美国天然护肤品牌，针对痤疮问题，致力于研发健康的天然植物性护肤品
Drunk Elephant	Drunk Elephant 是一家美国纯天然护肤品研发生产商，致力于生产全天然、不含有毒成分的护肤品，品牌商品的设计、测试以及生产全部在美国本土完成
Jane Iredale	Jane Iredale 是一家天然美妆品牌，专注于生产使用清洁成分、具有护肤功效的美妆产品
Vapour Organic Beauty	Vapour Organic Beauty 是由美妆行业专家 Krysia Boinis 和 Kristine Keheley 联合创立的有机美妆品牌。其美妆产品以配方中含纯天然、抗氧化的植物精华而闻名
Rodan+Fields	Rodan+Fields 致力于为消费者提供优质的医学护肤产品，其产品是基于 Multi-Med Therapy（多种医学疗法）进行研发的
Youth To The People	Youth To The People 品牌的理念是"护肤品应该就像是食品一样安全健康而且富有营养"。公司将各种超级食品、天然生物制品等原材料根据科学的定制配方制作成环保健康的护肤品
W311 People	W311 People 是一个天然有机美妆品牌，产品由约 80 种植物配方研制而成，含有保湿和治疗性植物成分，包括有机芦荟、有机洋甘菊和有机绿茶，不添加防腐剂、石油等有害成分

（续）

公司名称	公司介绍
gallinee	Gallinee 一个敏感肌肤护肤品牌，产品包括身体乳、洗面奶、护手霜、面膜、磨砂膏和肥皂。其产品中还有具有专利的益生菌复合物以及益生菌和乳酸菌复合物
Huda Beauty	Huda Beauty 是一家个人美妆品牌运营商，初期以生产假睫毛产品为主，之后逐渐扩展至高光修容、口红、眼影、粉底等美妆产品。旗下产品的基础配方均包含二甲聚硅氧烷成分
The Body Shop	The Body Shop 是一个英国护肤品品牌，以自然田园元素为主打，产品包含维生素 E 系列、焕白亮肌系列、植物干细胞活肌系列等
Hourglass	Hourglass 是一个美国美妆品牌，通过官网、丝芙兰等渠道售卖。每种产品都含有达临床水平的活性成分滋养皮肤
Tula	Tula 是一个美国益生菌护肤品牌，基于益生菌护肤技术，为用户提供具有清洁、抗老化、保湿等功能类别的产品
Aesop	Aesop 是一家澳大利亚化妆品公司。Aesop 在天然植物护肤的基础上率先推行有机理念，并结合内外调理的"理智"生活哲学，开发一系列顶级护肤、护法和身体护理产品

数据来源：烯牛数据。

虽然各个公司情况迥异，却可以总结出一个共同点——强调成分。

在国内同样出现了这样强调成分的美妆类公司——Home-

FacialPro（简称 HFP），它用了两三年的时间就走完了中国一些美妆公司 10 年要走的路，继 2018 年"双十一"首次闯入"全网个护美妆类目销量 TOP10"榜单后，HFP 在 2019 年"天猫 618"活动期间依旧成绩斐然，销售额一举突破亿元。

它的成功吸引了我的注意，本章将探讨以下几个问题。

1. 为什么化妆品行业能够如此获得资本的青睐？
2. 强调成分为何成了这批美妆独角兽公司的共性？
3. 中国美妆市场的增量以及创业公司的市场机会在哪里？
4. 社交平台、KOL 能在多大程度上帮助这类创业公司？
5. 成分的风口还能持续多久？

01 __

化妆品行业：刚需，只有周期没有衰退

化妆品行业可以说从人类意识觉醒起就已经诞生，早在原始社会，一些部落在举行祭祀活动时就会把动物油脂涂抹在皮肤上，使自己的肤色看起来健康而有光泽。

化妆品对中国来说不是舶来品，中国古代就有妆粉、胭脂等化妆用品，谢馥春、孔凤春等化妆品品牌在近代崭露头角，百雀羚、大宝等产品也在当代深受国人喜爱。

正是因为人们在任何时代对美的追求都是刚需，化妆品行

业整体发展虽然有波动阶段，但总体来看一直是向上发展的。

从全球化妆品行业市场规模来看，近年来重新进入了增长周期，2017年增速为5.2%。总市场规模超过4 600亿美元，其中彩妆市场增速最快。

2011年，中国超越日本成为世界第二大化妆品消费国，市场规模占到全球市场的11.5%。据统计，中国美容用品及个人护理品类市场规模在2017年为1816亿元，同比增长9.6%，过去10年复合增速达到9.5%。其中，护肤品及彩妆是目前增速最快、也是占比最大的两个市场板块。

虽然如此，但与其他国家成熟的化妆品市场相比，中国化妆品市场在消费者渗透率以及人均消费额方面仍有较大的提升空间。

2017年，中国人均化妆品的消费额为38美元，仅为美国和英国的1/7和1/6，甚至仅为泰国的1/2。随着"小镇青年"的崛起以及企业对下沉市场的开发力度提高，"00后"逐渐步入化妆品市场，中国人均化妆品消费仍远未触及天花板。

02 __

中国化妆品增长势能：消费升级与增量市场并存

根据中金公司公布的数据，中国化妆品各细分品类头部品牌几乎都是国际大品牌。化妆品本身又具有消费升级的特性（消费者一旦使用香奈儿、YSL等奢侈品品牌后就很难再选择二三线品牌），那么中国化妆品创业公司的机会有多大呢？

回答这个问题前需要对中国化妆品市场增长的驱动因素进行分析。除了人均收入不断提高的因素外，"00后"与"小镇青年"群体已经成为巨大的化妆品增量市场的重要支撑。

从地域来看，随着化妆品行业向低线级城市渗透，"小镇青年"消费的崛起成为化妆品行业增长的动力之一。根据中金公司公布的数据，2017年中国美妆个护家庭清洁品类全渠道销售金额中，低线级城市销售额增速超出高线级城市近2%，西部和北部地区销售额增速超出东部和南部地区近4%。这就造就了巨大的增量市场，而这一人群并不会直接选择高端化妆品。

从年龄来看，据CBNData联合天猫美妆发布《2017中国美妆个护消费趋势报告》显示，"90后"在线上美妆消费人数占比已超过50%。随着"90后""00后"年龄的增长，将同样带动我国中低端化妆品市场规模的持续增长。

03 __
主打成分的品牌易获得市场与资本的青睐

接下来，我们再来分析一下美妆成分类创业公司为何会扎堆出现。

消费者消费日益理性，品牌在广告宣传外日益需要以

"科学依据"为产品背书，"成分类"品牌的出现顺应了这一趋势，降低了厂家与消费者之间的信息不对称性，从一小批人开始普及，逐渐被越来越多的人了解和接受。

　　强调成分又可以分为两个层次。一是强调其中的化学成分与该化学成分的作用，典型代表如 2013 年创立于加拿大多伦多的美妆品牌 The Ordinary（见图 12 - 1），使用"原料桶+猛药+低价"的套路迅速打开市场。

图 12 - 1　美妆品牌 The Ordinary

　　原料桶是指成分简单并且标注出有效成分及浓度，性价比高，类似化工级原料桶的护肤产品。The Ordinary 的产品一般会用"有效成分名称+浓度"的格式来命名，而它的一些所谓高浓度原液产品精华被人们称为"给皮肤下猛药"，"猛药"的说法也就此而来。

　　The Ordinary 的产品原料价格并不高昂，营销推广主要靠网红博主推荐，节约了花费在广告、明星代言等传统宣传渠道上的成本，The Ordinary 的价格自然也就低了下来。

　　有人形容 The Ordinary 就是"被大品牌们卖得贵上天的一

些单品,生生给拽到了地上"。据了解,差不多成分浓度、同样是 30mL 规格的精华液,一些大品牌的售价可以达到上千元,但是 The Ordinary 的售价只有几十元。

强调成分的第二种方式是不会直接标注其化学成分与含量,而是转而说明化妆品成分的"有机、天然、简单",典型代表如美国天然护肤品牌 Tacha(已被联合利华收购)(见图 12-2)。

图 12-2 护肤品牌 Tacha

Tacha 的品牌理念来自日本传统的美容方式,护肤品配方以绿茶、稻米和海藻这三种抗衰老的超级食材组合为基础,生产过程中力求最小化的人工介入,以打造最天然、效果最好的护肤品。

Tatcha 的官网显示,其使用的原料有黄金、珍珠、蚕丝、山茶花油、米糠、红藻、燕麦胶、日本靛蓝、绿茶、芍药、日本野玫瑰、甘草和蕉麻叶等。目前,这种取自大自然天然成分、少人工添加的护肤理念在美国日益受到认可。

04 __

中国的主打成分的品牌领头羊：HFP

中国近年来备受追捧的品牌 HFP（见图 12-3），其定位与战略可以对标上文分析的 The Ordinary。

图 12-3　护肤品牌 HFP

HFP 创始人吕博毕业于浙江大学，2006 年获阿尔伯特大学硕士学位，曾供职于宝洁中国市场研究部八年。其最初创立的"美颜家 HomeFacial"，是上门美容领域的 O2O 平台，实际运营实体为广州蛋壳网络科技有限公司。公司成立之初便获得资本青睐，在 2014 年 12 月获晨兴资本天使轮投资，融资金额为 300 万元，在 2015 年 11 月获青松基金及铂涛集团 1 500 万元投资。后因美颜家发展受挫，公司开始与日本实验室合作研发护肤品牌，产品包括原液、面膜、洁面卸妆、水乳面霜和精华等。2016 年 2 月，HFP 携"玻尿酸密集补水面膜"产品亮相官网及官方微博，HFP 由此诞生。

HFP 品牌理念为"简单、有效，以成分打动肌肤"。产品包装设计以黑白两色为主，产品命名大多采取"成分+原液"命名，例如"烟酰胺原液""虾青素原液""寡肽原液"等。品牌主要的目标人群为追求小众的时尚护肤爱好者、关注成分的"功能护肤党"以及居住"江、浙、沪"等城市追求"小资生活"的人群，这部分人群对护肤知识有一定的了解，同时习惯在社交平台上获取相关信息。

按产品种类划分，HFP 产品包括原液、面膜、水乳面霜、眼部护理、肌底精华及深层清洁产品，产品成分有虾青素、玻尿酸、寡肽、熊果苷、烟酰胺、神经酰胺等。整体价格区间在 109~379 元，其中肌底精华价格最高，为 299~379 元，其余产品价格为 109~299 元。

总结下来，HFP 可以快速打开市场的原因有以下几个。

1. 清晰的成分定位，占领国内蓝海市场

HFP 看准了国外药妆品牌短期无法进入中国市场、消费者渴望快速改善皮肤问题的供需矛盾等机会，利用成分、功效直击消费痛点。HFP 精选出耳熟能详的成分降低消费者的说服成本，以高深度、高纯度原液的功效做宣传，比如市场热门成分烟酰胺、玻尿酸、氨基酸等。

2. 高性价比，主打大牌平价替代品，提升消费者购买欲

HFP 主打总价低、小容量、同品质特点，所有产品均能找到对标的大牌产品。以 HFP 的烟酰胺原液为例，其对标的"OLAY 小白瓶"的价格是 280 元 30mL，而同样取名为"提亮小白瓶"的 HFP 原液则是 149 元 15mL，一下让消费者觉得物

超所值。

3. 极简风格的包装设计，符合年轻人审美

HFP 的极简风格给人营造一种经典药妆产品的视觉感，区别于传统品牌"花花绿绿"的设计外观，HFP 更加符合当代年轻人的审美（见图 12-4）。

图 12-4　HFP 产品的极简设计

4. 构建"基础爆款产品+持续推出新品"的产品矩阵

HFP 常规产品有七款，如烟酰胺、氨基酸洗面奶等基础爆款产品；季节产品有三款，产品主要适用于冬季护肤，例如牛油果修护霜；新增单品延续品牌主打成分的特点，例如熊果苷、视黄醇等。

5. 注重持续内容营销，线上渠道销售为主

高密度、系统化的微信公众号软文投放是 HFP 在初期发展、打开市场知名度、强化消费者品牌认知的重要营销手段。

HFP 自家的微信公众号是营销推广重地。2016 年 9 月 5 日，HFP 通过其官方微信公众号"HomeFacialPro"发布了第

一篇微信公众号推文；自 2017 年 2 月起，微信公众号发布文章的阅读量几乎都保持在 "10 万+" 以上；2018 年 4 月，其微信公众号突破 100 万粉丝。

除此之外，在各类微信公众号上投放广告软文更让 HFP 早期迅速打开市场、提高知名度。据美商社统计，HFP 在 2016 年共计投放约 709 条微信推广软文，在 2017 年共计投放约 3 473 条微信推广软文，投放渠道多为与品牌自身定位相符合的微信公众号，所有微信公众号宣传累计广告费上亿元。

从投放渠道上看，HFP 的内容营销还出现在手淘、微淘、微博、微信、小红书等平台上。其中，在微博上与 100 多个拥有百万粉丝的 KOL 合作，充分利用微博和淘宝流量转化的便捷性带动产品在天猫的销售；在 "淘系" 平台上则主要通过淘宝头条等软性文章进行宣传，提高用户互动率，内容以买家秀等相关；此外，HFP 在小红书等平台也进行了密集的内容投放。

HFP 对投放内容的把控非常严格，每一篇文章都经过悉心设计（如穿插实验室照片体现科学感、产品使用前后对比图、名人推荐做背书等）。据 HFP 官网数据统计，2017 年 "双 11" 当天 HFP 官方旗舰店销售额突破 1 亿元，2017 年全年 HFP 的销售额突破 3.6 亿元，2018 年 HFP 的销售额突破 10 亿元。

05 _

成分的风口还能持续多久

根据天图的投资框架，我们认为降低信息不对称的品牌可以提高社会效率，是有价值的。化妆品行业中的信息不对称问题尤其明显，消费者很难通过化学实验等方式去判断化妆品真正的效果。所以在过去很长一段时间内，消费者都只能通过广告或品牌背书做出购买决策。"成分类"品牌在一定程度上解决了这个问题，可以帮助消费者更快速、更有效地了解所购买的产品包含哪些核心化学物质，以便做出购买决策。

但成分的风口也并不好蹭，一方面因为大家熟知的原料名称已经被各大品牌"抢注"了；另一方面，HFP 在热门成分上成功建立起消费者对自己的品牌认知，其他品牌必须找到更有竞争力的成分，或者选取差异化的定位，才能从这一领域中突围。

13
第十三章

Monster：打败红牛，在能量饮料市场杀出重围

有这样一个饮料品牌，诞生不到 20 年，却迅速超越原有的领导品牌，成为美国市场上同类品牌的第一名。同时，该品牌的所属公司受到可口可乐的青睐，被重仓持有股份，可口可乐也成为该公司的第一大股东。

该公司从推出这一品牌开始，业绩飞速增长，到 2018 年已经实现近 40 亿美元的收入并收获 10 亿美元的利润。随着业绩和市场占有率的提升，该公司股价也是一路飞涨，过去 20 年涨幅最高超过 700 倍，也是过去 10 年涨幅最大的美股标的之一。

它就是我在本章要介绍的主角——Monster Beverage（怪物饮料，简称 Monster）。

Monster 前身是美国加州一家普通的饮料（主要生产果汁、苏打水）品牌，发展一直不温不火。2000 年左右，能量饮料

逐渐风靡于欧美发达国家。而 Monster 踩准这个风口，抓住了品类红利，但这并不是其崛起的核心原因。

可能在中国消费者的认知中，提到能量型饮料，更多会想到红牛。但事实上，Monster 在美国市场的占有率多年前已经超过红牛。为何能反超？如果用一句话来回答，大概就是因 Monster 进行了全方位差异化的定位。

所以本章将重点分析 Monster 在抓住品类红利后，如何进行差异化定位，从而给当下因基本市场需求已得到满足而不得不在细分品类、差异化中寻求发展的企业或品牌以借鉴。

1. 能量型饮料市场为何会崛起？

2. 怎样找到细分好品类（品类分化的特征）？

3. 在有领导品牌与竞争对手的情况下，怎样做差异化？

4. 找对并圈定核心消费人群，对品牌的意义有多大？

5. 如何找到市场上现有产品无法满足的需求点？

6. 对中国市场有哪些借鉴意义？

01 __

能量饮料市场的兴起

一个品牌的巨大成功一定基于一个规模巨大的品类市场或者一个具有爆发式增长的新市场。

Monster 的前身曾在一个相对边缘而传统的饮料细分市场中做了几十年，一直没有展现出巨大的品牌力和增值潜力，而 Monster 的成功则抓住了能量饮料这个极速增长、同时又规模巨大的新品类市场。

当时的时代背景也助推了能量饮料这个品类在美国的快速兴起，为 Monster 的成功奠定了坚实的基础。

首先，美国的消费者开始意识到碳酸饮料对健康带来的影响，尤其是糖分对于肥胖的影响，美国的碳酸饮料整体销量开始下滑，人们正在寻求一种新的替代产品。

其次，美国消费者对于提神类饮品的需求旺盛，对于咖啡、茶饮这类产品已经养成很强的消费习惯，美国是全世界人均咖啡消费量最大的国家。

最后，在拥有类似文化、饮食习惯的欧洲各国，红牛（奥地利红牛）已经通过自己的成功验证了人们对能量饮料的需求巨大。

Monster 也正是看到了这几点，才决定进军能量饮料市场。而且，Monster 进入市场的时点也选得非常好——就在红牛进入美国的那一年。如果进入太早，Monster 需要花费大量的精力和财力教育市场、教育消费者；如果进入太晚，领导品牌已经建立起太强的品牌影响力，Monster 则很难再追赶上。

后来的事实也证明了这一点，美国市场能量饮料市场几乎从零开始，快速增长到近 150 亿美元的市场规模，成为全球最大的单一能量饮料市场，份额接近 50%。同时，在整个美国饮料市场的份额占比也提升到了近 10%，成为饮料大类目中一个十分重要的品类。

放眼世界，能量饮料市场规模更大。在新兴国家的消费刺激之下，全球能量饮料市场的规模已经达到 300 亿美元，并有望在 2021 年突破 400 亿美元。中国在 2013 年超越日本成为全球第二大能量饮料市场，预计 2021 年整体市场规模将达到 70 亿美元。在中国这样的万亿级饮料市场，相信未来也一定会出现比肩、甚至超越 Monster 的新品牌。

02 __

Monster 的前世今生

1. 第一阶段： 2002 年以前

Monster 的前身一直生产并销售无添加的果汁饮料，但生意很一般，1992 年，公司被重新组建，Hansen Beverage Corporation（成为一直经营至今的公司主体）随之成立并推出 Hansen 品牌，仍以销售绿色天然的产品作为主要卖点。

虽然苏打水是当时加州地区最好卖的产品，但总体来看，Hansen 被淹没在众多饮料品牌的海洋里。虽然公司每年不断推出新口味、新包装，但无论是品牌影响力还是销售规模始终无法有效提升（见图 13 - 1）。到了 1996 年，公司的年营收规模也仅有 3 500 万美元，净利润为 300 万美元。

图 13 - 1　Hansen 品牌的各种口味苏打水

公司的转折点出现在 1996 年，公司董事长 Sacks 由于早年间在欧洲从事律师工作，发现欧洲能量饮料市场在红牛的带领下卖得非常好，1996 年红牛进入英国市场时也大受欢迎。Sacks 断定，能量饮料在美国销售一定也不差。于是，公司开始着手研发能量饮料，并于 1997 年春季推出了第一款产品——8.2 盎司装的轻碳酸能量饮料。

新产品的推出取得了不错的市场反响，但是在 1997 年，红牛全面进入美国市场，两者推出的产品拥有类似的包装、类似的定位，面对红牛的大举进攻，Hansen 毫无竞争力可言，只能靠着整个能量饮料市场的红利获得一定的营收增长。到了 2001 年年底，公司销售收入勉强接近 1 亿美元。

2. 第二阶段：2002 年至 2012 年年中

直到 2002 年，Monster 终于登场了。这里不得不提到一位重要人物，他就是公司的首席市场官 Mark J. Hall。在他的极力推动下，公司将旗下的能量饮料品牌改名为 Monster，从品牌名、品牌 LOGO、产品包装、容量、定位、客群进行了全方位的改变，与市场上的产品形成了明显的差异化。

产品推出后，公司为此进行了一系列的调整，在营销方式、经销商覆盖范围等方面进行了重新调整。Monster 上市当年，带动公司整体销售收入首次突破 1 亿美元，并由此进入了 10 年的高速增长期：营收从 2002 年的 1 亿美元增长到 2012 年的 20 亿美元，净利润从 2002 年的 300 万美元增长到 2012 年的 3.4 亿美元。

Monster 的市场份额在 2008 年首次超越红牛，成为美国能量饮料品类第一，市场占比近 40%，并持续至今。

3. 第三阶段：2012 年年中至 2014 年年中

随着整个能量饮料市场的逐步饱和，行业整体增长放缓。同时，Monster 的市场份额在 2012 年后也趋于稳定，公司进入了增长瓶颈期。

从 2012 年下半年开始公司营收增速明显放缓，2013 年公司营收增速下降到个位数，利润更是出现了负增长，相应地，公司股价停止上涨。投资者们都开始担心 Monster 是否已经失去了进一步成长的空间，一个增长乏力的细分市场不应该有过高的估值，Monster 的管理层也将更多的精力放到了内部效率的提升以及费用的控制上。2014 年，公司的营收增长依然是两位数，但是净利润重新恢复了增长。

不过，真正让公司股价重新走上上涨之路是在 2014 年 8 月 15 日，可口可乐宣布将以 21.5 亿美元现金收购 Monster16.7% 的股份，同时双方将进行部分品牌间的置换，以增强各自品牌在细分市场的协同效应。具体来说，Monster 母公司将旗下非能量饮料品牌交给可口可乐运营，而可口可乐则将旗下 NOS、BURN 等能量饮料品牌交由 Monster 运营。

对于可口可乐来说，颇有些"打不过就收购它"的意味。作为想要成为全品类饮料集团的可口可乐，快速增长的能量饮料类目必须要做，而且也确实推出了 NOF、Ultra 等品牌，但这些品牌的市场表现非常一般，全部品牌的市场占有率加起来还不到 5%。因此，收购一个成熟品牌对可口可乐来说就成为顺理成章的事情，而 Monster 就是能量饮料品类当仁不让的优质标的，消息发布后当日，可口可乐股价上涨 1.3%。

这一消息对于 Monster 来说更是一剂强心剂，Monster 不仅将提升自己在能量饮料市场的份额，进一步坐稳第一的位置，同时还能共享可口可乐强大的全球分销网络。投资者们重新看到了 Monster 的增长动力，消息发布当日，Monster 股价暴涨超 30%。

4. 第四阶段：2014 年年中至 2017 年

可口可乐相关能量饮料品牌的注入以及整个灌装、分销网络资源的协同，帮助 Monster 重回两位数的年度增长率；同时，由于对于各个品牌更好的协议，公司整体费用水平降低，净利润的增速超过营收的增速，公司显现出稳健且良好的增长态势。Monster 的营收在 2017 年突破 33 亿美元，并取得超过 8 亿美元的净利润。

Monster 的股价也在公司业绩和可口可乐入股的双重刺激下，进入了三年三倍的新一轮增长期，达到了历史最高点，盘中一度超过 70 元/股（复权后）。相比于 2002 年，实现了超过 700 倍的惊人涨幅，巅峰时 Monster 达到市值近 400 亿美元。

5. 第五阶段：2018 年至今

在这个阶段，投资人再次对 Monster 的增长表现出担忧，似乎可口可乐入股带来的渠道共享效果有效。事实上，Monster 已经在全球多个市场占据领先的市场地位，但由于其他市场与美国本土市场之间规模的差异，让公司整体的增速再也无法回到历史水平。

即便 2018 年公司交出了一份 38 亿美元收入（13% 增长）、近 10 亿美元利润的年度成绩单，股价也再没有突破。投资人和公司都意识到，想让品牌重回高速增长通道，必须找到一个新的、足以匹敌美国本土的大市场——中国，这是所有人的共识。

因此，Monster 在公司年报中也明确表示，下一步最重要的事情就是拿下中国市场。但中国市场与欧美市场文化、消费者喜好差异巨大，同时又有居于霸主地位多年的领导品牌红牛的存在，Monster 至今没有在中国掀起太大波澜。或许，等 Monster 找到中国市场的取胜之道之时，也就是公司股价再次起飞之日。

03 __

Monster 的成功要素分析

作为一个后来者，能够战胜领导品牌本身就是一件极其困难的事情。而 Monster 不仅做到了，更是在短短几年时间内完成了超越并将这一优势保持至今。那么，Monster 究竟是怎么做的呢？接下来，我们通过从品牌、运营配称等方面入手一步步来解析。

1. 品牌的成功塑造

一个快速崛起的品类一定会吸引众多的竞争者入场，并且此时品类中已经存在很强大的领导品牌，该怎么在一众竞争者中脱颖而出呢？答案就是：品牌差异化。

Monster 的经历也充分说明了这一点：要么做品类第一，要么做差异化。公司在 1997 年进入能量饮料市场的时候，犯了一个大部分公司都会犯的错：利用原有的品牌做新品类。

公司认为原有品牌在加州地区已经有一定的知名度，利用原有品牌推广新品类风险更低。但结果恰恰不尽如人意，原因有以下几个。

第一，原来的 Hansen 品牌主要做天然果汁和苏打水，针对人群是女性以及儿童，而这一人群根本就不是能量饮料的核心人群。

第二，Hansen 品牌在加州一带的人群中已经形成一定的认知：Hansen 是卖苏打水的，要买能量饮料的用户根本不会提前想到 Hansen 这个品牌。

第三，从产品定位、外包装、规格都与市场上的竞品缺乏差异化。在同质化的前提下，一个区域性苏打水品牌怎么可能战胜品牌、资金、渠道全方面占有优势的领导品牌——红牛呢？

作为一个全新推出的品牌，Monster 在品牌的差异化上做得足够优秀，也决定了其日后的成功之路。如果说红牛的定位是能量饮料创造者/领导品牌，那么 Monster 就是美国年轻人的能量饮料。红牛带有更多欧洲甚至亚洲的元素，代表勇敢、坚毅；Monster 则更具美式文化元素，更多是代表追求自我、释放野性。

取一个好的名字是一个品牌差异化的最重要方法。从品牌名来看，Red Bull 带给人的第一印象是力量、勇气；而 Monster 则明显不同，带给人的印象是强大、野性，充满了未知，更能激发年轻人对于品牌的好奇和认可。

一个好的品牌 LOGO 就像一把锤子，将品牌牢牢钉入消费者心智中。而从 LOGO 这一点来看，可以说 Monster 不仅做到了差异化，甚至还比红牛做得好。

红牛的 LOGO 是一个太阳加两头红色公牛，确实能给人一种很有力量的感觉，但是相比于 Nike 的钩子、奔驰的三星标，在小小的饮料罐上呈现这个 LOGO 图像明显太复杂了，另外也给人一种过时的感觉。而 Monster 的 LOGO 是三条绿色的怪物抓痕，既和品牌名呼应，又给人强烈的视觉冲击，带来"力量""危险""野性"这样的想象。劳拉·里斯甚至在《视觉锤》一书中将其作为案例来分析，可以与可口可乐的红丝带 LOGO 相提并论（见图 13 - 2）。

图 13 - 2　红牛、Monster、可口可乐 LOGO

2. 差异化的运营配称

差异化定位是 Monster 成功的第一步，而为此建立起来的运营配称则真正夯实了其差异化竞争的基础，帮助 Monster 一步步走向成功，具体来看有以下策略。

（1）**产品策略**。Monster 从推向市场时就开始寻求与红牛的产品差异，紧扣"美国年轻人"的需求，从配方、口味、规格的设计上都透露出狂放不羁的特点。

在配方上，为了满足美国人更狂野的需求，Monster 能量饮料中的咖啡因含量比红牛更多，一罐 Monster 能量饮料中的咖啡因含量是红牛的两倍，提神效果加倍。

在口味上，相比于红牛较为单一的口味策略，Monster 显然更加大胆，推出了各种果汁口味，以适应更多年轻人的需求。

在规格上，当 Monster 推出之前，市场上都是以红牛为代表的 8.4 盎司的容量规格；而 Monster 则增加了近一倍，推出了 16 盎司容量规格的产品。"让你一次喝个够"显然更得美国人心，也更符合美国人喜欢采购大容量装产品的消费习惯。

（2）**价格策略**。定价来看，Monster 单罐的售价基本上与红牛等竞品一致。但不要忘了，之前提到 Monster 的容量是红牛的近两倍，同样的价钱买到多一倍的量，而且含有更多的咖啡因。对于消费者来讲，选择谁似乎一目了然了。

（3）**渠道策略**。Monster 并不自己生产和灌装产品，甚至连分销也不自己做，而是将大部分业务交给合作的全服务瓶装商，公司将原浆和配方交给服务商，由服务商添加水、添加剂、果汁等进行生产、装瓶并组织经销商售卖。这一个渠道模式与可口可乐如出一辙，不仅大幅降低了自己的生产投入和固定成本，而且减少了组织、管理经销商带来的人力、精力上的压力。公司只需让出一小部分利润给全服务瓶装商，即可解决生产、销售的大部分问题，自身仅需要在品牌定位、产品研发、广告营销等方面不断加强投入。公司只在夜店、大型连锁超市这样的特殊渠道有一部分自己直营的渠道，但总体占比不超过10%。

通过这一模式，公司很快就铺开了全美甚至海外市场销售渠道，为公司的快速成长奠定了渠道基础。同时，由于与可口可乐模式的相似性，在可口可乐入股后，公司不断将自己的服务商调整为可口可乐的服务商，进一步提升了合作的可靠性，有效控制了成本。

相比于红牛需要投资建厂并自己组织经销商的模式，这样的做法无疑可以帮助 Monster 更快地完成市场覆盖工作，差异化的渠道策略也让 Monster 最终实现了后发赶超。

（4）**营销策略**。从营销策略上看，无论是红牛还是 Monster 可以说都是极其成功的，两者都懂得通过更多的公关事件和活动营销来推广品牌。只不过 Monster 本身的定位决定了其在美国更受欢迎，并且也确实做了很多更符合自身定位的营销活动。

红牛营销的核心关键词是勇气、超越。因此红牛赞助了很多极限运动，比如登山、攀岩、赛车，甚至组建了自己的 F1 车队（见图 13-3），不断突出自己敢于尝试、突破自我的勇气。

另外，近几年最出色的一次事件营销也出自红牛之手。2012 年 10 月 14 日，奥地利极限运动员菲利克斯·鲍姆加特

图 13-3 红牛 F1 车队

纳在红牛赞助的"平流层计划"中从高达 3.9 万米的太空边缘一跃而下，凭借超音速自由落体、载人气球最高飞行记录等惊险举动打破多项世界纪录（见图 13-4）。

图 13-4 平流层跳伞

而这一活动也充分体现了红牛的品牌精神——充满能量、敢想敢为、不断挑战自我的生活态度。这样的品牌精神很能激起欧美工薪阶层人群的共鸣（为生活努力，偶尔挑战自我），这些人便是红牛的主要用户群。

而 Monster 营销的核心关键词是野性、自我。同样是赞助极限运动，Monster 会挑选更小众、更极限，甚至有一些不被大众认可的运动,比如极限越野摩托、大脚怪赛车、小轮车等。这些活动也非常契合 Monster 的品牌形象和它想要传达的品牌精神——年轻、狂野、叛逆、不羁、强烈的自我与不屑于世俗眼光的个性态度。而接触这些运动的很大一部分是美国的年轻一代,他们同样也是 Monster 的核心目标人群(见图 13 - 5)。

图 13 - 5 Monster 赞助的越野摩托赛

正是通过精准的差异化定位以及一系列相应的运营配称,让 Monster 在红牛的笼罩之下依然强势崛起,成为能量饮料品类的代表。

04 __

寻找中国的 Monster

饮料是一个 7 000 亿级的大品类市场,也是我们一直关注的重点赛道。目前，中国国内市场的货架被统一、康师傅、农夫山泉、娃哈哈等几家巨头几乎垄断了，新的品牌进入的难度巨大。但 Monster 的成功经验可以给创业者一些启发，让我们能够在巨头的笼罩之下杀出一条生路。

1. 品类选择

消费者的需求在不断变迁、细化，饮料行业也在不断分化，新的品类不断出现，如何像 Monster 那样选到一个具有快速成长力且潜力巨大的品类是第一步。这需要品牌深度理解消费者，从消费者的真实需求出发，分析市场上现有产品无法满足的需求点，进而去理解品类成长的根基。比如，运动饮料、凉茶、乳制品、气泡水等，都是因消费者需求转变而推出的品类。每一个都是基于用户某一个未被满足的需求并且能覆盖大量人群需求的品类，它们都得到了快速成长。

2. 品牌差异化

这是 Monster 做得最成功的一点，也是最值得我们学习的地方。找到自己的目标人群，寻找与现有领导品牌的差异化，并为此建立起一套运营配称，把差异化真正在市场落地，然后不断通过营销、广告来传播这一差异化。

3. 尽可能寻找到新的零售高势能渠道

在传统的线下零售渠道，各领导品牌们已经占据了较好的货架位置，而且长期和渠道的合作也使得各领导品牌们对终端的掌控力较强。

寻找一个有可能快速成长，而且相对势能较高的渠道是一个好的选择。就像多年前的天猫、京东，它们拥有规模巨大且不断增长的用户群体，获客成本较低，依托平台出现了一批淘品牌、京东品牌。

但随着进入这些渠道的费用越来越高、加入的品牌越来越多，性价比也在不断下降。因此，寻找和产品契合、和目标人群契合的新渠道，是对新品牌的考验。

中国的饮料市场未来可达万亿级，不断出现着像营养快线、脉动、王老吉这样的现象级品牌，相信未来也一定会出现比肩、甚至超越 Monster 的新品牌，让我们一起持续关注。

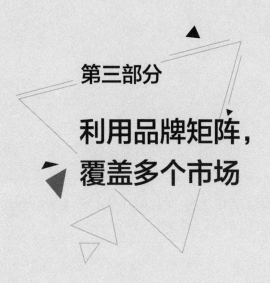

第三部分

利用品牌矩阵，
覆盖多个市场

Part One

目前，信息获取渠道分散、消费购物渠道分散，使得单个品牌越来越难以主导整个市场。于是，多品牌策略就成为许多消费巨头的选择。

14

第十四章

三得利：从中产到年轻人、从日本到全球的破圈之道

为何有关华为的内容总能刷屏？

很大一个原因是，华为能以一己之力改变全球整个品类（电信设备）的竞争格局。可以说，全世界范围内也没几个这样的品牌。

在品牌势能中，最难以打破、最强大的势能是国家势能，对消费品品牌同样适用。大多数国家势能是经过几百年建立的强大护城河，比如白酒品类就属于中国的国家势能。与生俱来的品类国家势能，很难被一个公司、一个品牌撼动。

好消息是，对于新消费品牌来说，国家势能会随着国家实力的变化而变化。新品牌打破旧有国家势能，是集齐天时、地利、人和多方因素的结果。

本章案例的主角是三得利，它属于全世界少数几个能打破国家势能的品牌，同样也是我个人认为的日本消费品企业的集大成者，没有之一。

威士忌的品类势能显然应该属于苏格兰，更不用说很多国家还因此建立了更多专属门槛。比如"香槟"，无论你怎么严格地遵循传统工艺，仍然只能是法国的那块区域出产的才能被称为"香槟"。

但三得利用了百年时间，历经三代领导者，在最讲究阳光、水源、温度等硬性物理条件的威士忌品类市场，打破了苏格兰在这一品类的绝对影响，建立了全球五大威士忌产区之一，三得利旗下的山崎、白州和响三大品牌也成为全球威士忌的代表。

2018年，三得利酒精饮料部门的收入（不包括消费税）为7 494亿日元（同比增长3.7%），收入（包括消费税）达到1.015 9万亿日元（同比增长3.1%），营业收入为1 330亿日元（同比增长4.8%）。

研究三得利当然不仅是为了学习其如何将威士忌这一舶来品类在日本发扬光大，对各个新品牌来说，其更具有借鉴价值的是，三得利发展百年中经历的多次市场巨变，以及渡过的不同发展阶段的"劫"。

1. 新品类推出后如何教育市场中的消费群体？

2. 品类老化之后如何重新获得年轻人的注意力？

3. 为什么要尽可能地去寻找产品的试用场景，如何寻找？

4. 防守型与进攻型产品如何布局？

5. 产品多样化背后需要拥有怎样的企业DNA？

01 ___

三得利概况

　　酒饮品一定程度上反映出某一地区的地理、人文特征，比如日本的清酒、中国的白酒、俄罗斯的伏特加都是各自区域内的代表。哪怕只是白酒，也有不同的细分产品——茅台、五粮液、二锅头，它们各自成长于不同的粮食产区，其口味偏好也各有不同。

　　威士忌是一个很典型的西方酒品类，但或许很少有人知道，全球五大威士忌产区中，其中之一反而在位于亚洲的日本。

　　日本的酒饮文化，最被大众熟知的或许是朝日的生啤或麒麟的一番榨。但其实，三得利在 2014 年超越麒麟成为日本最大的酒企。

　　比较有意思的是，这家拥有将近 120 年历史的日本最大酒企并不是起家于生产传统的日本清酒。相反，它起家于生产红酒和威士忌这两个“外来”品类，尤其在威士忌领域，三得利占据了日本威士忌市场将近 50% 的份额。

　　2001 年，英国专业杂志《Whisky Magazine》举办了第一届世界威士忌大奖赛。在这场比赛中，远离欧美主流产区的日本威士忌作为“黑马”出现，其中就有三得利旗下的威士忌品牌“響 21 年”。2015 年，三得利山崎单一麦芽威士忌更是以 97.5 的高分（满分为 100 分）拿下了全球最具影响力的威士忌书籍《威士忌圣经》评出的全球排名冠军，成为"威士忌之王"。

远离威士忌原产地苏格兰，却生产出了世界闻名的"日本威士忌"，只用了短短的 95 年，日本就成为世界第五大威士忌产区（其余四大产区分别为苏格兰、英格兰、美国和加拿大）。

02 __

"赤玉 PortWine"红酒：消费浪潮下诞生的日本民族品牌

在做威士忌之前，日本三得利的公司董事长鸟井信治郎（简称：鸟井）就已经依靠一款红酒"赤玉 PortWine"进入酒饮市场。1907 年，"赤玉 PortWine"推向市场。到了 20 世纪 20 年代，它已经占据了日本葡萄酒市场 60% 以上的份额。

在某种程度上，"赤玉 PortWine"的成功影响了鸟井后来在威士忌领域的商业尝试，并且葡萄酒生意为其在早期威士忌领域的商业尝试提供资金方面的"输血"保障。

接下来，让我们先来看看鸟井是如何打开葡萄酒市场的。

"明治维新"后的日本，西方生活成为人们的向往。尤其是当时的年轻人，对新鲜的外来事物抱有巨大的热情。大量来自西方的文化和商品一拥而入，咖啡、牛奶、啤酒还有洋酒都成为日本人餐桌上"摩登"的代表。

1899 年，20 岁的鸟井在大阪市开设了鸟井商店，主营西班牙进口葡萄酒业务。

据《三得利百年志》记载，鸟井之所以选择葡萄酒业务，是因为当时洋酒主要被上层社会拿来当药用，与百姓无缘，鸟井决定通过商业手法让葡萄酒深入民间。

但他首先遇到了口味上的问题——"水土不服"。和传统的日本清酒和烧酒不同的是，欧洲葡萄酒含有大量丹宁，这使得日本大众在品尝鸟井的产品时感觉又涩又酸，直接导致产品大量滞销。

此时，"创业新手"鸟井需要做出一个选择：是用足够大的精力和投入来培育、教育大众市场还是主动迎合市场根据需求改良产品？

长达八年的市场冷淡反应促使鸟井选择了后者：尝试自己研发、生产更适合日本人口味的葡萄酒。

1907 年，"赤玉 PortWine"的葡萄酒被正式推向市场，鸟井商店的生意也迎来转机（见图 14-1）。

"赤玉 PortWine"的产品研发参考的是葡萄牙本土特产波特酒。波特酒因为含有极高的糖分，能够有效地隐藏丹宁的酸涩口感，在鸟井看来它非常具有在日本流行的潜力，事实也证明这种选择和判断是正确的。

和口味偏酸涩的欧洲葡萄酒相比，"赤玉 PortWine"的口

图 14 - 1　"赤玉 PortWine"

感微甜，更符合日本人的口味。为了更突出"赤玉 PortWine"在口味上的改良和本土化，鸟井将宣传标语定为"世上独此一家，专为日本人打造"。

在 20 世纪 20 年代，"赤玉 PortWine"在日本的葡萄酒市场上已经获得了绝对优势：一度获得了超过 60% 的市场占有率。1921 年，鸟井商店又进一步升级成了"寿屋股份公司"（简称寿屋）。鸟井本人在葡萄酒领域获得成功之后，也开始计划挑战洋酒的另一大系列——威士忌。

03

延续葡萄酒的成功经验，因地制宜做威士忌

1923 年，鸟井在京都西南的山崎兴建了日本第一家威士忌酿造厂，并聘请了当时年仅 29 岁的竹鹤政孝担任厂长（竹

鹤政孝被称为日本威士忌"第一人"，早期曾赴苏格兰学习威士忌制造工艺）。

1929 年，鸟井和竹鹤政孝推出了第一支日本国产威士忌"白札"，广告语是"有了它，你不再需要舶来品"，和"赤玉PortWine"在市场营销上的风格异曲同工。

在产品方面，"白札"也遭遇了和鸟井商店早期同样的困境：凭借传统苏格兰技法制造出的"白札"有浓重的烟熏味（当时，日本消费者认为烈酒入口应该是甘甜的），导致初期市场反馈并不好。

和当年推出葡萄酒一样，鸟井决定通过对产品进行改良，降低泥煤烟熏味，做出更适应日本人口味的产品。而竹鹤政孝坚持先完善日本的威士忌制作技术，生产原汁原味的苏格兰威士忌，慢慢培育市场。也因此，鸟井和竹鹤政孝两人分道扬镳。

1932 年，寿屋陆续推出了一系列试验产品，并得到了市场的积极反馈。

1937 年，同样又是八年时间，鸟井正式推出了第一款符合日本人喜好的调和威士忌"角瓶"。相比于苏格兰威士忌，日本威士忌的口感更轻柔、更适合亚洲人的口味，也成为一代经典产品。

无论是"赤玉 PortWine"还是"角瓶"，二者的成功其实都在印证了同一个原则——因地制宜。

1. 产品改良

当新浪潮来临时，新品类可以抓住机遇乘势崛起，但也要解决如何"本土化"的问题。是教育本土市场还是改良迎合，需要决策者权衡。更重要的是，本土化生产后带来的成本降低可以让产品以更高的"性价比"进入大众消费市场。

2. 民族品牌

这是从用户心理角度出发来说的，民族品牌红利其实滋养了很多经典品牌，不仅仅是在日本。若能将民族文化特质真正地用在产品的设计和开发上，对新品牌来说，就有了获取"传统主流市场"关注的机会。

无论是做产品改良还是坚持通过好的产品来培育市场，做法本身其实没有对错之分。鸟井通过改良威士忌获得了成功，竹鹤政孝在纬度和气候都与苏格兰十分接近的北海道创办了 Nikka 威士忌，继续保持传统的苏格兰风味，而 Nikka 正是三得利在日本威士忌酒界最大的对手。

04 __

从寿屋到三得利 SUNTORY

1946 年，在鸟井的次子佐治敬三的主导下，公司推出面向百姓的低价威士忌品牌 Torys，一经推出便获得市场好评（见图 14 - 2）。

图 14 - 2　低价威士忌品牌 Torys

1950 年，借助鸟井研发的配方，"OLD SUNTORY 黑丸"威士忌正式走入市场。当时的日本经济逐渐恢复，所以"OLD SUNTORY 黑丸"威士忌定位于高端群体（见图 14 - 3）。

图 14 - 3　"OLD SUNTORY 黑丸"威士忌

通过这两款产品，寿屋占据了日本威士忌业市场的最大份额。1961 年，公司更名为三得利（SUNTORY），取意"SUN（太阳）+ TORY（鸟井的日语发音）"。

此时，三得利一方面不断地进入新的领域，例如啤酒、饮料市场，最终成长为我们现在看到的三得利集团；另一方面，即便在威士忌领域已经取得了绝对领先的地位，其团队仍旧在产品线上不断进行调整。

具体来说，三得利的产品布局调整可分为以下两类。

一类为"防守型"。例如为迎战 Nikka 推出低价威士忌 HiNikka，三得利在 1964 年"复活"了 20 世纪 30 年代曾经开发过的红牌威士忌，并取名为 Suntory Red。因为在低价产品线上已经有了 Torys，三得利为了使消费者便于区分同时提升产品的品牌感，Suntory Red 在广告上也花了很多心思，通过跳跃的设计以及轻松有趣的文案来吸引消费者注意（见图 14-4）。

图 14-4 Suntory Red 威士忌

另一类则为"精进型"。1973 年，三得利在白州建设工厂，开始开发"山崎"之外的新品牌，并最终形成了"山崎、响和白州"（见图 14 - 5）三个经典品牌。

图 14 - 5　白州蒸馏厂小野武厂长和三得利的 **"Single Malt 白州 25 年"**

05 __

筷子大作战、 Highball：开发主流消费场景、寻找消费增量

1950 年，随着日本进入经济高速增长阶段，社会上出现了群体庞大的中产阶级从文化属性上看，这些人天然向往美国式生活，啤酒和威士忌产品在"新兴中产"群体中开始流行。至此，日本威士忌发展迎来了自己的黄金时代。以城市为中心，人们对啤酒和威士忌的需求增大，这两种酒取代了之前占压倒性市场份额的日本酒。

1983 年，日本年人均威士忌消费量达到了峰值，为 3.8

亿公升。在这一阶段也涌现了大量的新酒厂，其中，Nikka 和三得利两个日本威士忌巨头分别在 1969 年和 1973 年设立了宫城峡和白州各自的第二家麦芽原酒蒸馏厂。

新的原酒蒸馏厂都和两家之前的原酒风味形成了很明显的区别。Nikka 和三得利之所以扩张，是由于日本缺乏和苏格兰一样的原酒交换体系，各个企业必须靠自己来生产出不同类型的原酒以支撑产品风味的多样性。反过来看，增设蒸馏厂这一扩张动作其实也能够印证当时人们对日本威士忌需求的上涨。

但紧接着，日本的威士忌市场却陷入低谷，背后有很多方面的原因，比如日本经济开始走向低迷、1984 年开始实施威士忌增税政策、进口威士忌关税进一步降低等。此外，新生人口数量降低、一部分人群被分化到葡萄酒消费上等影响了威士忌消费。

威士忌市场的低迷一直持续到 2009 年，整个日本市场的威士忌消费缩小到了鼎盛时期的 1/5。在这一阶段，三得利也做了很多努力，包括筷子大作战、Highball Campaign 等。

1. 筷子大作战

1972 年 2 月，三得利启动了筷子大作战计划，将酒吧场景、家庭场景的威士忌消费延伸到了餐饮渠道的就餐场景。

一方面，三得利说服寿司店、居酒屋、关东煮等餐饮店在菜单上加入威士忌；另一方面，为了让消费者能接受威士忌佐餐，同时也为了让威士忌从口感上更容易佐餐（优化口感、降低酒精浓度)，三得利推广 Highball（用烈酒掺入汽水等加冰）、水割（加水或苏打水到威士忌中）等降低酒精浓度的饮用方式，并做了大量的电视广告，还专门成立研修小组，给合作餐厅、店家上课。

从严格意义上说，筷子大作战计划更像是三得利借着威士忌的市场热度去进一步扩大市场需求的策略，而非应对市场低迷的"求生"行为。但如果在经济低迷期来临之前没有让威士忌进入更多人群的日常消费场景中，仅仅靠中产阶级出于社交需求消费威士忌，三得利很难撑得过 25 年的消费低迷期。

2. "Highball Campaign"

中国国内高酒精度数的酒品牌遇到的"如何让年轻人喜欢"的问题，三得利也同样遇到过。

当时，三得利在市场调查中发现，日本年轻人开始倾向于消费低酒精度数的啤酒，他们对威士忌的印象是"上了年纪的叔叔喝的，很难喝"，而酒吧这一传统的威士忌消费场景也不再成为消费常态。

三得利用 Highball 挽救了颓势，这其实也能够被国内品牌所借鉴。

Highball 起源于欧美，泛指碳酸饮料与酒类混合的鸡尾酒。而在日本，Highball 则特指苏打水与威士忌混合的饮用方式，苏打水能够削弱威士忌入口时的刺激感、激发它的风味。

这种稀释酒精浓度至类似清酒的 15% 左右酒精含量的喝

法一时间成为餐饮场景最为流行的饮酒方式，也使得长饮型的威士忌可以被改造成一种适合餐饮的短饮型全新体验方式。

从人群上看，不接受烈酒的女性也逐渐通过 Highball 成为威士忌的消费者。Highball 不仅让三得利扩充了威士忌的消费场景，也使其找到了新消费人群。

到 2010 年，日本采用 Highball 喝法的店家多达八万间，约占日本餐厅总数的 1/4。

回看中国国内市场，"小酒"被看成是作为年轻化的主要解决方案：无论是新的创业品牌还是传统的白酒企业，都纷纷推出容量小、包装时尚、价格亲民的"小酒"。但是，包装上的创新并不能解决根本问题。

刚刚进入酒饮消费市场的年轻人其实更多消费的是鸡尾酒这类调制酒，白酒辛辣的口感和酒后强烈的不适感更让白酒难讨年轻人的欢心，葡萄酒和啤酒对市场的渗透进一步降低了年轻消费者在白酒上的需求。

其实，同样也做"年轻人白酒"的江小白在一系列市场营销动作上和 Highball 有类似之处：赞助或举办音乐节，始终站在距离年轻人最近的地方，一般来说演出现场也是年轻人一个主要的酒饮消费场景，所以现场也会售卖以江小白的白酒作为基酒、添加了苏打或雪碧的混合酒。

3. 从"年份酒"到"无年份酒"

Highball 带来的效果是相当明显的，它帮助三得利度过了

20 世纪 80 年代之后的两次危机，但也产生了一些影响，即 Highball 需要的通常是低价格段的威士忌，例如三得利的"角瓶"，但"角瓶"其实和"白州、响"等高端威士忌来自同样的原酒蒸馏厂。在主动减产以及有限的产能被分流至"角瓶"的情况下，用来生产高端威士忌原酒的配额自然降低。

当市场回暖之后，减产影响对于不少熟成年份较长的威士忌开始显现。例如"白州 12 年"和"响 17 年"分别需要 12 年和 17 年的原酒熟成时间，产能显然无法满足现在市场的需求。为了弥补年份酒的空缺，各大酒厂也开始主打"无年份酒"。

2018 年，日本三得利控股宣布，由于原酒供应不足，旗下烈酒部门主力产品"白州 12 年"和"响 17 年"将分别于当年 6 月和 9 月起暂停发售，再发售时间未定。

这也是为什么在当下威士忌市场上，年份酒价格飞涨，而像轻井泽这样原酒厂虽然已经破产，但其仅剩的原酒却能成为一种"理财产品"的原因所在。

4. 国际化

如果只介绍上面的内容，那么三得利最多是一个不错的日本本土品牌。但它更值得研究的原因是，其所代表的日本威士忌产业只用了短短的 95 年就成为世界第五大威士忌产业。从 20 世纪 80 年代开始，三得利更是从区域品牌一跃成为受主流认可的品牌。

1990 年前后，三得利在公司内部提出了一个"从头审视威士忌制造技术"的计划，意在改变过去那种重度依赖技术人员经验和直觉的生产方式，用更加科学的方式提升产品品质。同期，三得利的竞争对手 Nikka 也提出了"生产出超越全球的威士忌"的口号，正式宣布开始提升产品品质。

品质提升除了是企业发展过程中必须关注的事情之外，还迫于市场竞争的压力：日本当时国内经济低迷，20 世纪 80 年代开始，日本威士忌市场逐渐走向低谷；进口酒关税下降使得更多外国威士忌品牌进入日本市场。

为了和成熟的欧美威士忌品牌进行竞争，严格的品控和产品开发能力自然成了企业发展的基础。

2001 年，Nikka 的"Single Cask 余市 10 年"和三得利的"响 21 年"在 2001 年的"Best of the Best"大赛中分获第一、第二后，日本威士忌开始在国际烈酒大赛中频频获奖，也开启了日本威士忌产业全球化的新阶段。凭借独特的口感风味以及极富底蕴的东方文化，日本威士忌开始被全球威士忌爱好者深深喜爱（见表 14 - 1）。

表 14 - 1　日本威士忌的 WWA 得奖情况

年份	参赛活动	酒品
2001	WM Best of the Best 综合第一名	Nikka Single Cask 余市 10 年
	综合第二名	三得利　响 21 年
2007	WWA 世界最佳调和威士忌	三得利　响 30 年
	WWA 世界最佳调和麦芽威士忌	Nikka 竹鹤 21 年

（续）

年份	参赛活动	酒品
2008	WWA 世界最佳调和威士忌	三得利　　响 30 年
	WWA 世界最佳单一麦芽威士忌	Nikka Single Malt 余市 1987
2009	WWA 世界最佳调和麦芽威士忌	Nikka　竹鹤 21 年
2010	WWA 世界最佳调和威士忌	三得利　　响 30 年
	WWA 世界最佳调和麦芽威士忌	Nikka 竹鹤 21 年
2011	WWA 世界最佳调和威士忌	三得利　　响 21 年
	WWA 世界最佳单一麦芽威士忌	三得利　　山崎 1984
	WWA 世界最佳调和麦芽威士忌	Nikka 竹鹤 21 年
2012	WWA 世界最佳单一麦芽威士忌	三得利　　山崎 25 年
	WWA 世界最佳调和麦芽威士忌	Nikka 竹鹤 17 年
2013	WWA 世界最佳调和威士忌	三得利　　响 21 年
	WWA 世界最佳调和麦芽威士忌	MARS Maltage3+25 28 年
2014	WWA 世界最佳调和麦芽威士忌	Nikka 竹鹤 17 年

当欧美兴起的手工鸡尾酒浪潮于 2010 年带动了威士忌的销量时，日本威士忌已经在国际威士忌比赛中崭露头角。至此，日本威士忌也顺理成章地进入到了国际市场。

5. 多样化背后是“试试看，不试怎么会知道”的企业 DNA

三得利的酒生意版图远不止葡萄酒和威士忌，除了将自己经营的酒生意多样化之外，还进入了更广泛的饮料市场，最终成为一个销售额超 1 300 亿元的日本最大食品企业。

1963 年，当啤酒和威士忌一样开始在经济复苏的日本流行时，三得利董事长佐治敬三决定开辟啤酒事业板块。当时，日本的啤酒市场已是朝日、麒麟和札幌三足鼎立的局面。面对既存的多个强敌，佐治敬三带领三得利走的是差异化竞争战略。

三得利最早在日本市场上推出了生啤、纯生以及 MALTS 等为主打的概念产品，但相比当年葡萄酒、威士忌业务，三得利的啤酒事业板块开拓得更为艰难。直到 2005 年，三得利推出的 MALTS 改良版——"ThePREMIUM MALT'S" 成为热销产品后，才赢得了市场声誉，但三得利啤酒事业板块真正实现扭亏为盈则是在 2008 年，可以说足足亏了 45 年。

1981 年，三得利将中国乌龙茶快消品化，并通过 10 年时间将其打造为健康饮料市场的代表性茶品。

1992 年，三得利推出了 "boss 牌" 罐装咖啡，并重金聘请 "黑衣人" 汤米·李·琼斯代言至今。

2004 年，三得利在茶饮料领域又推出了绿茶饮料 "伊右卫门"，开始涉足日本的传统茶饮料市场。

三得利还看中了利口酒（餐酒）市场，推出了调和鸡尾酒——微醺，在女性消费者群体中大受欢迎。

2014 年，三得利以约 136 亿美元的价格收购了美国酒企 Beam，Beam 旗下有 Jim Beam、Maker's Mark 和 Knob Creek 波旁威士忌品牌、Courvoisier 白兰地品牌和 Sauza 龙舌兰酒品牌。为了平衡产能，增加 "白州、响" 等高端威士忌原酒的生产，在 Highball 市场上，三得利也开始主推 Knob Creek 波旁威士忌试图弱化市场对于"角牌"威士忌的需求。

从大的商业逻辑上分析，多样化可以说是三得利冲破单一品类天花板、寻找增量市场、分散经营风险的策略选择，而这些事情背后也离不开被三得利家族世世代代奉为企业 DNA 的一句话——"试试看，不试怎么会知道"。

在 2015 年的《福布斯》全球家族企业百强榜中，三得利排名第 65 位，同时也是唯一上榜的日本公司。《福布斯》的上榜说明是：其在代际传承过程中的领导十分高明，以至于它们能够在维系家族控制的同时也能取得巨大成就。而在日本，三得利也常常被作为研究用以证明——家族企业的治理水平并不一定差于非家族企业的治理水平。

鸟井的后代所做的不仅仅只是"接班"，除了原有经营业务之外，三得利的每一代传人都对企业的经营做出过自己的贡献，引入过"新事物"。

第二代传人佐治敬三在 1963 年开辟啤酒业务板块。当时借着威士忌生意，三得利可以说是"躺着就可以赚钱"，而啤酒市场已经有麒麟、朝日和札幌三大品牌。之所以走出舒适区，是因为佐治敬三意识到"如果大家陷入不思进取、不用努力也能够获得足够利润的麻痹状态，那么公司就会陷入困境"。

1990 年，佐治敬三将经营大权转给了侄子鸟井信一郎，后者主导了三得利发泡酒、营养饮料、健康食品以及新药研发等新业务，同时也带领三得利走向国际化。1995 年，三得利在上海设立啤酒公司。

三得利的第四代传人佐治信忠在 2001 年接手公司运营，除了将鸟井信一郎的国际化策略发扬光大、开启一系列海外并购、扩大三得利的国际版图外，在 2014 年，他也为三得利首次引入了外部职业经理人——罗森便利店前董事长新浪刚史。

之所以敢大刀阔斧地涉足新领域，除了他们在接班之前就已经在三得利公司或者其他大型企业（例如，鸟井信一郎最早在三井住友银行工作，佐治信忠从美国留学结束后加入了索尼）任职，并从基层员工做起来接触业务、了解公司的运转外，还离不开三得利企业文化的影响。20 世纪 60 年代，佐治敬三要涉足啤酒领域时，鸟井就曾对他说过："试试看，不试怎么会知道。"

而更敢于尝试的佐治信忠也同样受益于这句话，在成为企业继承人之前，佐治敬三就经常用这句话来鼓励他。在进入三得利后，年仅 35 岁的他作为美国分公司总裁，主导了成交额达 220 亿日元的美国百事集团旗下清凉饮料公司收购案，帮助三得利成功打入了美国饮料市场。

在佐治信忠的就职演讲中，他提到："'试试看，不试怎么会知道'这句话是祖父对父亲说的，现在想起来依然很有力量……在新时代，我还要添上下半句，'试后即使失败了也没什么'。"

06 _
结论

从苏格兰威士忌的"东方学徒"到成为世界威士忌的主流品牌之一，日本威士忌产业只拥有不到百年的历史。它的成功证明了，如果能够吸收世界威士忌产业的优秀经验、在生产工艺上向成熟品牌靠齐，同时再结合东方特有的文化底蕴形成自己的差异化竞争力，作为新生力量同样能够做出全世界消费者喜爱的威士忌产品，从而获得市场的认可。

15
第十五章

LVMH: "买" 出来的
奢侈品全球第一品牌

增长黑客之父 Sean Ellis 说过,好公司由增长型的思维方式驱动。那么,消费品品牌如何实现持续增长呢?

一般来说,内部创新(新产品、新服务、新客户)和外部购买(并购)是两种重要方式。

相较而言,并购是一种更省时、更省力的增长策略。比如,前文中提到的"全球的消费品巨头无不是找到了一个独特产品切入市场,慢慢做大,接着以并购的方式扩张,用同一套打法运营多个品牌"。宝洁成为世界上最大的日用消费品企业也源于其 2005 年并购了吉列公司。

本章将重点研究并购,并且将 LVMH 作为分析案例。

和我们所熟知的宝洁、联合利华、资生堂等快消集团不同,LVMH 的扩张几乎都是通过并购来完成的。在其所拥有的 75 个品牌中,只有 Fenty 和 LV 这两个品牌为 LVMH 自己创立。

2018 年，LVMH 市值约 1 700 亿欧元，并实现了 468 亿欧元的营收，同比增长 10%；经营利润同比增长 21%，达到 100.03 亿欧元，净利润同比增长 18%，达到 63.54 亿欧元。

LVMH 可以说是奢侈品并购模式运作的开创者，其发展史就是一部并购史。那么它是如何进行并购的，又是如何有序高效地运作旗下众多品牌的呢？本章，我们就来聊聊这家全球奢牌巨头。

01 _
如何理解奢侈品

奢侈品在众多消费品中是一个神奇的存在：不受比价效应的限制，轻而易举就可以获得数十倍甚至数百、数千倍的毛利。甚至在二手、"中古"市场上，一些品牌的经典产品仍然价格不菲，保值性高。

由此引出一个问题，奢侈品到底是什么？

奢侈品在国际上被定义为"一种超出人们生存与发展需要范围的，具有独特、稀缺、珍奇等特点的消费品"，又称非生活必需品。在经济学上，奢侈品指的是价值/品质关系比值最高的产品。

价格高是表象，从另外一个角度上看，几乎每一个奢侈品背后都有许多"传奇故事"。奢侈品是无形价值与有形价值关系比值最高的产品，无形价值就是经过时尚领域数年来大浪淘沙、数代传承之后积累的足够深厚的文化背书，这又增强了品牌的独特性和厚重感。

在奢侈品营销中，有一个"True Luxury"的概念，即本身就是靠贩卖文化传承和技艺，通过溢价来盈利的品牌，例如Louis Vuitton、Chanel 和 Hermès 等。

与之相对应的则是通过营销和重新定位新市场，将品牌拔高到奢侈品行列的新奢侈品品牌或"轻奢品牌"，例如 Coach、Michael Kors 和 Pandora。

但到了商业运营层面，你会发现和其他消费品一样，这些不同品牌背后的身影其实是同样的一批人。比如 LVMH、爱马仕、开云集团和历峰集团是全球四大奢侈品集团，可以说它们几乎掌握了全球奢侈品的命脉。其中以 LVMH 的规模最大，你所熟悉的 LV、Dior 和 CELI NE 等品牌都是 LVMH 的资产。

其实，这样的竞争格局源于并购，并且并购是奢侈品集团崛起的唯一路径。

02 __
为什么说并购是奢侈品集团崛起的唯一路径

大部分奢侈品品牌在业内都拥有一定的历史，在漫长的经营过程中积累下来不少值得称颂的故事，这些构成品牌文化素材的故事在经过一定程度的内涵提炼后，逐渐成为品牌文化的一部分。特别是流传下来的人文精神，渐渐沉淀为品牌基因，甚至衍生出了"蓝血品牌""红血品牌"等概念。

而让消费者觉得这些品牌与众不同的也正是这些文化附加值，并因此产生了对品牌的忠诚度。由此，品牌们就有效地将自己从市场竞争中充分隔离开来，形成差异化竞争优势。

人文精神成为品牌核心的同时，也意味着新进入市场的品牌缺乏历史积淀很难获得消费者的青睐。

更重要的是，奢侈品品牌的文化属性难以复制。

LVMH 目前的最大股东阿诺特在 1984 年收购了 Dior 的时装业务后，想通过投资优秀设计师来创建一个新的高端品牌 Christian Lacroix，但 Christian Lacroix 命途多舛，最终被廉价出售。

所以，一个品牌能被称为奢侈品一定离不开历史声誉和文化价值，价格只是它的外在体现。所以，即便 Off-White、Supreme 等品牌产品被卖出天价，也不能称为奢侈品。

除了文化属性之外，奢侈品品牌的产品从设计到用料与大众市场的产品相比优势明显，可以说是整个市场文化潮流的领导者。所以，并购的一个关键点在于对上游产业链的资源进行有效获取和整合，从设计师到原料产地、定制工坊甚至于裁缝，这些资源在市场上都是极度稀缺的。

法国奢侈品品牌 Chanel 在整合高级定制工坊方面的策略最为激进。1984 年至今，Chanel 已经陆续收购了十几家高级手工坊，覆盖刺绣、羽毛、纽扣、皮具、编织等多项珍贵手工技艺，打造了属于自己的上游供应链。对于上游的布局，同样体现在 LVMH 的并购中。

LVMH 之所以"买买买"，原因在于：如果要在短时间内成为一个有影响力的奢侈品集团，并购是唯一的路径。

03 _

并购及运营逻辑： LVMH 整合法则

LVMH 是由 Moët Hennessy 与 Louis Vuitton 在 1987 年合并成立的一家集团公司。

发展至今，LVMH 通过资本运作，旗下已经拥有 75 个品牌，主要分布于时装皮具、香水化妆品、腕表珠宝和零售这五个领域。在媒体、酒店领域，LVMH 同样也有布局（见表 15 - 1）。

表 15 - 1　LVMH 部分并购历程（1987–2018 年）

时 间	被收购公司	主营业务
1987 年	Hine	白兰地酒
1988 年	Givenchy	高级时装
1990 年	PORMMERY	香槟酒
1990 年	西班牙 Loewe SA10.7 股份	皮革、时装
1991 年	德国 Asbach Brandy 67.5%股份	白兰地酒

（续）

时间	被收购公司	主营业务
1991 年	委内瑞拉 Morris E Curiel Distrebuting	啤酒销售
1991 年	委内瑞拉 Pampero	烈酒
1991 年	西班牙 Union Cervecera 70%股份	酿酒
1993 年	Christian Lacoix	时装
1993 年	Kenzo	时装
1993 年	Defosses International 55%	电台、杂志
1994 年	Gurelain Djedi Holding 49.9%股份	香水
1995 年	Fred Joaillier	时装
1996 年	Gurelain Djedi Holding 公开股 41%股份	香水
1996 年	西班牙 Loewe SA 10.7 股份	皮革、时装
1996 年	Celine SA 54%股份	时装
1996 年	美国 DFS 58.75 的股份	自选超市（亚太）
1997 年	Chateau d＊Yquem 51%股份	香槟酒
1997 年	Sephora	化妆品
1998 年	Maric-Jeanne Godard	香水
1998 年	Le Bon Marche	巴黎百货公司
1998 年	La Belle Jardinicre 99%股份	巴黎零售商
1999 年	Cie Financiere Laflachere 52%股份	化妆品、家居用品
1999 年	Kurg	香槟酒
1999 年	美国 Bliss 70%股份	化妆品、健康中心
1999 年	美国 Bene Fit	化妆品
1999 年	美国 Hard Candy	化妆品
1999 年	瑞士 TAG Heuer	钟表
1999 年	英国 Tomas Pink 70%	时装

（续）

时间	被收购公司	主营业务
1999 年	瑞士 Ebel	钟表
1999 年	美国 Make up For Ever	化妆品
1999 年	尚美巴黎 Chaumet	钟表
1999 年	Phillips，de Pury & Lusebourg 72%股份	奢侈品拍卖
2000 年	美国 Maimi Cruiseling Services	游艇零售
2000 年	意大利 Emilio Puccci 67%股份	时装
2000 年	美国 Urban Decay	化妆品
2000 年	意大利 Omas	钢笔
2000 年	美国 Fresh Inc 65%股份	化妆品
2000 年	意大利 Control Of Body	化妆品
2000 年	美国 Newton Vineyards 60%	葡萄酒
2000 年	澳大利亚 Mount Adam Vincyard	葡萄酒
2000 年	L' Etude Tajan	艺术品拍卖
2000 年	Micromania	电视与游戏零售
2000 年	Art & Auticon，Commaissance des Arts	艺术杂志
2001 年	美国 Donna Karan Intemational	时装
2001 年	意大利 Morellato	手表带生产
2001 年	巴黎 La Samaritaine 百货商店	零售
2007 年	四川文君酒厂	白酒
2007 年	Les Echos 回声报	报纸
2008 年	Numanthie 西班牙蒸馏酒	白酒
2008 年	Hublot 字舶（恒宝）	手表
2009 年	Edun	环保时装
2009 年	Montaudon 蒙多顿	葡萄酒

（续）

时间	被收购公司	主营业务
2010 年	Bulgari 宝格丽	珠宝手表
2010 年	Royal Vas Lent	游艇
2011 年	Moynat 摩奈	手工包
2012 年	Loro Piana 诺悠翩雅	服装与面料
2013 年	Nicholas Kirkwood 尼可拉斯·科克伍德	时装
2013 年	Cova	咖啡馆
2014 年	Lambrays 朗员雷酒庄	酒庄
2016 年	Rimowa 日默瓦	箱包
2017 年	Francis Kurhdjian 费朗西斯·库尔吉安	香水
2017 年	Christian Dior 迪奥高级时装部门	时装
2018 年	Helmond 贝尔蒙德	豪华酒店

除了路易威登、迪奥、娇兰、纪梵希、宝格丽等顶级奢侈品品牌外，LVMH 的版图还涉及丝芙兰、DFS 免税店等零售渠道。

目前，时装和皮具板块是 LVMH 的强势市场板块，从营收角度来看也最被集团所依赖。

即便财大气粗，但 LVMH 的收购也并不是任意为之的。LVMH 内部有一套整合法则，这一法则涉及方方面面，整体上回答了三个问题——买什么、何时买以及如何运营。

1. 买什么

先来看看 LVMH 对 Marc Jacobs 的收购案例。

Marc Jacobs 是设计师马克·雅可布（Marc Jacobs）在 1986 年创立的个人同名品牌，雅可布从 1997 年就担任 LV 的创意总监，直至 2013 年 10 月。在雅可布入职 LV 的当年，LVMH 也同时向他的个人品牌投资了 14 万美元，后来又陆续追加投资。目前，LVMH 持有 Marc Jacobs 96% 的股权和 Marc Jacobs 商标 1/3 的所有权。

LVMH 对于 Marc Jacobs 的投资直至控股的典型性在于，它既能够说明 LVMH 通过收购来把控行业内稀缺的顶尖设计师资源（雅可布在 LV 担任了 17 年的创意总监，他的长期合作伙伴罗伯特·达菲也一直担任 LV 工作室总监），也能够体现 LVMH 在品牌差异化上的"分散布局"。

当时，LVMH 的总裁兼 CEO 伯纳德·阿诺特（Bernard Arnault）正发愁如何拓展 Louis Vuitton 的品牌受众人群。众所周知，LV 以生产旅行箱起家，百年来凭借出色的皮具制造水平享誉全球。但是，阿诺特想要让 LV 更多地做"女人们的生意"，他需要 LV 能够有自己的女装成衣。在美国《Vogue》主编安娜·温图尔（Anna Wintour）的推荐下，LV 放弃了从当时已经成名的时装大师们身上打主意的念头，选择了代表新鲜血液的设计师 Marc Jacobs。

阿诺特认为 Marc Jacobs 这个品牌能赚钱（Marc Jacobs 品牌在 20 世纪 90 年代至 21 世纪初增长稳健，迅速扩张），于是出资购入了 Marc Jacobs 的一部分股份，并以此作为谈判的筹码，开始跟 Marc Jacobs 本人谈下一步如何振兴 LV 的策略。

1997 年，雅可布正式成为 LV 的艺术总监，负责男装、女装、小型皮具、鞋子等产品线的设计工作。当时，一位年轻的美国设计师加入欧洲老牌时装品牌这件事让整个法国时尚界轰动了。

不得不说，雅可布的加入的确抑制了 LV 品牌老化的进程。在他的主导下，LV 也开启了和各界艺术家的"联名之路"。例如，"彩花之父"村上隆、"波点女王"草间弥生、"涂鸦大师"斯蒂芬·斯普劳斯等都和 LV 合作推出过限定项目。在二手市场上，这些联名产品甚至还具有一定的收藏价值。

2000 年左右，为了挽救疲软的美国服装零售市场，LVMH 提出了"轻奢路线"的战略，Marc Jacobs 的定位也让它成为一个理想的收购标的，2001 年推出副线品牌 Marc by Marc Jacobs 及美妆、香水产品线（但在后期，副线和主线的定位重叠为 Marc Jacobs 的发展带来了阴影）。

对于 LVMH 来说，收购品牌的最直接目的自然是帮助集团提升业绩，而业绩的持续增长又可以分为：延续自有品牌的生命力和为集团寻找新的增长点。以终为始，LVMH 在品牌的收购上一定是服务于这一目的的。

（1）**围绕核心时装和皮具板块建"护城河"**。从品牌矩阵上看，LVMH 在时装和皮具上的布局是最多的，共计 14 个品牌。LVMH 旗下的明星品牌也都集中在这一品类中，例如 LV、Dior、LOEWE。而这些品牌除了经营时装和皮具之外，也发展了美妆、香水、个护等产品线。总体来说，它们的定位仍旧是时装皮具，这也是 LVMH 集团的主品牌 LV 所在的核心板块。

从 LVMH 在 2018 年第四季度的财报上看出，时装皮具部门在核心品牌 Louis Vuitton 以及 Dior 的推动下延续涨势，销售增幅高达 17%，为 LVMH 贡献了 54 亿欧元的销售额，连续九个季度实现两位数增长。2018 年，该部门销售额为 184.55 亿欧元，取得 15% 的涨幅经营利润为 59.43 亿欧元，同比上涨 21%。

既然是高盈利性板块，LVMH 对于时装和皮具板块的关注度自然不低。

LVMH 看重这一板块的原因还有，包代表着奢侈品市场里的一个特殊品类——价高且能保证原价销售。据巴黎银行发布的一份报告显示，配饰特别是包类产品在奢侈品市场有决定性地位。2016 年，配饰的销售额占全球奢侈品市场销售额的 30%，而在 2013 年这个数字是 18%。

如果说不同品牌的服装在每一季都会遵循一个共同的大流行趋势的话，那么在包袋领域几乎每一个奢侈品品牌都有自己的代表作品，并在消费者心目中形成差异化定位，比如 LV 的"复古盒子"、Dior 的"马鞍包"、Gucci 的"酒神包"等。

可以说，对于服饰皮具品牌的收购贯穿了 LVMH 的发展史。

（2）资源整合：上游生产资源、渠道、行业内优秀人才。 Loro Piana 是 LVMH 的品牌矩阵中最为顶级的一个，毕竟 Loro Piana 售卖一件毛衣标价都能够超过 10 000 美元。

2013 年，LVMH 以 20 亿欧元的价格收购了这个家族品牌 80%的股份，这也是自 2011 年其以 52 亿美元收购意大利珠宝品牌 Bulgari 50.4%的股份之后进行的最大一笔收购。对于收购 Loro Piana，阿诺特的儿子安东尼奥（Antonio）对媒体讲过，自己的父亲很喜欢这个品牌的风格，但比喜欢更重要的是集团的需要。

第一，Loro Piana 拥有世界上最大的奢侈纱线和纺织品生产部门之一，生产开司米羊毛、棉和亚麻等多种面料，每年总产量超过 1 480 万平方英尺。这些纺织品面料对于 LVMH 旗下的奢侈品品牌（比如 Dior 和 Louis Vuitton）来说是非常宝贵的资源。

第二，Loro Piana 还拥有正在不断增长的男女装产品市场以及广泛的零售网络。品牌目前在全球共有 160 家门店，并在意大利设有 7 家工厂。

第三，Loro Piana 在秘鲁和阿根廷境内的安第斯山脉上建有农场，并在蒙古设有收割羊毛的场所。对于 LVMH 来说，这些都是非常宝贵的原材料来源。

所以对于 LVMH 来说，收购 Loro Piana 最重要的收益就是相当于掌握了这些稀缺的生产资料。

另外，收购 DFS 和 Sephora 带来的效益更为直接。LVMH 控股中有 10 个香水和化妆品品牌，DFS 和 Sephora 为这些品牌提供了渠道。而对于 LVMH 来说，渠道也能够帮助自己快速找到那些理想标的。

LVMH 的洋酒业务在进入中国时，一开始也遭遇了渠道困境：中国的洋酒销售渠道几乎都在娱乐场所和超大型超市，消费者触达产品的机会少，如果向消费量更大的中餐即饮市场上进军，其销量远远不如本土的传统白酒品牌。因此，通过控股中国的白酒品牌，再让洋酒渗透到白酒的销售渠道就是一条路径。

在 LVMH 看来，文君酒规模适中，销售网络较为成熟，通过并购文君酒进入中国白酒市场，可以为 LVMH 旗下的轩尼诗等品牌带来更多的渠道资源（事实证明，这项并购不成功，原因更多在于 LVMH 对中国消费者的洞察还不够）。

（3）以矩阵模式对抗竞争对手。 LVMH 不是唯一一个以集团模式运作奢侈品品牌的企业，旗下拥有 Gucci、Saint Laurent、Balenciaga 和 Alexander McQueen 的开云（Kering）就是 LVMH 的强力竞争对手。借助转型策略，开云近年来的成绩表现亮眼，在市场上的经营动作也很激进。

奢侈品品牌虽然一贯"高冷"，但近几年正纷纷变成爆款制造机器，引领这一风尚的正是通过"复古文艺"风在社交网络走红的 Gucci。2018 年，Gucci 全年销售额同比大涨 36.9%，实现销售 82.85 亿欧元。与此同时，LVMH 的核心品牌 LV 的销售额为 100 亿欧元，Gucci 和 LV 的差距正在不断被拉近。

有分析人士表示，如果 LVMH 不能有效地阻挡 Gucci 的前进步伐，头号奢侈品品牌的位置在五年内将让位于 Gucci。

那么，面对咄咄逼人的开云，LVMH 是怎么做的呢？

除了为 LV 和 Dior 这两个核心品牌引入新的设计总监、调整品牌风格和社交媒体形象之外，LVMH 时装板块其他品牌之间的配合被看作是 LVMH 的 "B 计划"。

2018 年，艾迪·斯理曼（Hedi Slimane）接棒菲比·费罗（Phoebe Philo）成为 CELINE 的新的创意总监，斯理曼则重新召回自己的设计团队，利用新 CELINE 来争夺 Saint Laurent 的市场。斯理曼在 2016 年离开开云，继任的设计总监安东尼·瓦卡莱洛（Anthony Vaccarello）延续了斯理曼一手改造的创意风格，令品牌至今依然受益于斯理曼在任时所创造的商业影响力。

即便市场反馈认为，新 CELINE 会破坏菲比·费罗此前一直培育的品牌调性。但从 LVMH 的角度来说，对于女性消费者的 "截留" 是第一位的。比起品牌调性，LVMH 似乎更愿意押注新 CELINE 对于 Saint Laurent 的削弱能力。

当然，之所以敢大刀阔斧地对品牌改革，也是因为相对于 LV 和 Dior，CELINE 此前并没有太多的历史积淀，菲比·费罗执掌 CELINE 时所积累的粉丝更像是对于某类风格的拥趸。

站在 LVMH 的角度，Loewe、Loro Piana、Givenchy 都能够承接住这些女性消费者流量。

（4）补足短板品类。除了强化核心板块的可持续经营能力外，LVMH 也会对自己的弱势板块进行布局，而这些板块往往也是奢侈品消费的重要组成部分。最典型的是 LVMH 在 20 世纪末期开始通过收购实现从 "软奢" 向 "硬奢" 品类扩展。

在相当长一段时间里，LV 和 Dior 是 LVMH 的两张王牌，但 LV 和 Dior 的奢侈品更多属于"软奢"品类，被称为"硬奢"品类的珠宝和钟表则是另一大奢侈品集团历峰（Richemont）的强项。

20 世纪末期，LVMH 开始进入珠宝钟表领域。珠宝钟表代表的为硬奢侈品，客户集中于高净值人群，与软奢侈品（时装皮具为代表）有着不同的周期性特征，更广泛的业务布局有利于公司应对此消彼长的业务风险。

2016 年，LVMH 收购了高端旅行箱品牌 Rimowa。Rimowa 在 1868 年于德国创立，LVMH 对于 Rimowa 的收购在当时被分析师认为是为了应对竞争对手新秀丽（Samsonite）并购途明（Tumi）而做出的回应。

从目前的品牌布局来看，LVMH 是业务分散化程度最高的时尚集团，最直接的体现是品牌矩阵足够丰富。除日用品外，LVMH 对涉及"奢侈"的方方面面都有布局，甚至还投资了奢侈酒店。

从这一点来说，LVMH 是用"Luxury Lifestyle"的理念来布局并延长在自己体系内的用户的生命周期，同时也将用户的价值挖掘得更加到位。

2. 何时买

如果要让收购获得更大的收益，就要求买入方在收购的时候价格是合理的。

LVMH 历史上经历的两次较大的并购重组均发生在经济低

潮期：经济低迷压低了很多奢侈品品牌的估值，也极大地降低了 LVMH 的收购对价。在一个企业较为弱势的时候进行并购，并购成功的可能性也会更大。

在 LVMH 的发展过程中，至今总共有三次并购高潮，除了第一阶段恰逢整个奢侈品行业的并购高潮外，后两个阶段都伴随了金融危机。

1993-1997 年：LVMH 迎来第一个股价上涨周期，同时也进入第一个并购高潮。在这一阶段，LVMH 的并购集中在服饰领域和美妆、零售领域，先后收购了 Kenzo、CELINE、Guerlain、Sephora 等品牌。

1999-2000 年（亚洲金融危机后期）：在这一阶段，LVMH 的收购开始跨界到被称为"硬奢"的珠宝钟表品类，收购包括 TAG Heuer、Zenith、Ebel、Chaumet 等品牌。与此同时，LVMH 还布局收购了 Fresh、Benefit、Make Up For Ever 等中高端的个人护理和彩妆品牌。

2008-2013 年（美国次贷危机引发的全球金融危机）：在这一阶段，LVMH 在服饰领域收购了 Loro Piana、Edun、Nicholas Kirkwood 等品牌，在珠宝钟表领域则收购了 Bvlgari、Hublot 等品牌。

2011 年，LVMH 以 52 亿美元收购了意大利珠宝品牌 Bulgari 50.4% 的股份。值得注意的是，在这次收购之前，LVMH 就已经关注了 Bulgari 长达 10 年之久。2008 年金融危机爆发，宝格丽的销售额在三年间下降了 67%，2009 年亏损更是高达 6.5 亿美元。在这个时间点上，LVMH 发起了并购谈判。

也就是说，当潜在标的品牌面临"危机"时，对于 LVMH 来说就是一个不错的收购窗口期。除了外部金融危机之外，所收购企业内部运营遇到的危机对 LVMH 也是一种收购时机。

例如，对 Loro Piana 的收购就发生在其新老两代掌门人交接班的阶段，而 LVMH 总裁兼 CEO 阿诺特取代 LV 和 MH 两个家族的成员成为 LVMH 的设计控制人更是和两个家族的"内斗"期间。

1987 年 6 月，两家公司顺利合并，LVMH 集团宣告成立，舍瓦利耶出任集团总裁，拉卡米耶出任战略委员会主席。但由于创始家族文化和产业背景存在的差异，整合后的协同陷入僵局，两家公司在业务上几乎完全独立，而两个家族之间的文化差异也直接导致了两个家族和各自经理人之间的斗争。

家族斗争又恰逢股灾，地产行业背景出身的阿诺特在 LVMH 股价大跌时购入了 LVMH 29.4% 的股权，成为实际控制人。1989 年 1 月，阿诺特取代舍瓦利耶成为集团董事会主席，LVMH 由此进入阿诺特时代。

3. 如何运营

其实，比收购更难的是品牌的运营管理。对于 LVMH 来说，需要保证这些品牌被收购之后能够持续为集团创造收益。

（1）母子公司模式，建设"创新生态"。 从架构上看，

LVMH 为自己的多品牌管理搭建了"以投资控股关系为主、经营独立紧控财务"的母子公司模式。

为了保证品牌个性的延续和经营风格的传承，LVMH 并不对品牌运营的核心环节（设计）进行管控。因为对于高端消费品来说，延续每个品牌创意、灵感和独特文化是集团整合成功的关键。直接被 LVMH 管控的是后台运营、营销支持、生产支持等这些支持性的部门，可以理解为中台。中台的设置在于降成本、提效率，为 LVMH 旗下品牌的运营提供支持。

当奢侈品实体零售的数字化改革成为趋势，2018 年，LVMH 在集团内部设立了创意机构——零售实验室。零售实验室的设立在于帮助集团旗下品牌在数字和零售领域开发创新型解决方案。

此外，LVMH 也在搭建自己的创新生态，比如举办对内对外的一系列创业大赛：LVMH 创新大奖主要针对科技类的初创企业，希望寻找那些提出的解决方案与 LVMH 及其所属品牌的需求相匹配的初创科技公司。

2017 年年底，LVMH 举办了首次内部员工创业策划活动 DARE LVMH。其中，"DARE"是"Disrupt、Act，Risk to be an Entrepreneur（颠覆、行动，敢于成为一名创业者）"的缩写，以鼓励员工像创业一样思考。该活动首先在法国试行，获得成功之后被 LVMH 发展到了意大利和中国。

（2）**为品牌引入职业经理人**。通常情况下，奢侈品大多是由家族世代经营，所以也是名副其实的家族企业。而阿诺特的习惯是，在 LVMH 对某一品牌实现控股之后，就会逐渐淡化原有家族成员在品牌经营中的话语权，逐渐由职业经理人替代。这些职业经理人通常也都是业界顶级的设计师，他们会通过带给品牌变化来寻找新的增长点，这一点在 LV 这个品牌上体现得最为明显。

毕竟对于 LVMH 来说，阿诺特并不属于原有两个大家族中的任何一个。相反，两个家族之间的矛盾和竞争给了他控股 LVMH 提供了机遇。因为没有"历史包袱"，阿诺特的心态更加开放，会更偏好引入不同的设计师来运营 LV，例如前文提到的引入雅克布就是一次大胆且成功的尝试。

这种开放心态可以说是阿诺特在运营 LV 品牌时获取的成功经验总结，也可以说是整个 LVMH 的文化氛围。总之在品牌的后续运营上，LVMH 的态度更为大胆。最终目的只有一个，那就是让旗下品牌能够赚更多的钱。比如斯理曼担任 CE-LINE 新一任设计总监后，品牌不仅更换了 LOGO，甚至清空了社交媒体的内容，旗下一些标志性单品也都没有保留。

03 __

New Luxury 时代

相对于奢侈品早期服务的群体，LVMH 更关注未来的年轻一代奢侈品买主的动态。

这些人获取资讯的渠道多样，对于品牌来说，要想说服这一群体建立归属感和忠诚度，比以往任何时候都更具挑战性。

和文化属性相比，产品或者品牌吸引他们的关键在于体验和情感共鸣。

从 Supreme 到 Off-White，新的潮牌正替代奢侈品品牌在青少年群体中备受追捧，但 LVMH 还没有在潮牌领域展开收购，对这些虽然有独特个性但创办时间较短的品牌持谨慎态度。

2019 年 5 月，LVMH 正式确认将和蕾哈娜（Rihanna）推出合资品牌 Fenty，Fenty 被视作是 32 年来 LVMH 首次创立的品牌。Fenty 和 LVMH 的合作清晰地展现了明星、社交媒体和网红元素的集聚，重新定义了文化与消费之间势均力敌的状态，并改变了各种品牌与受众之间的关系。

早在 2017 年，蕾哈娜就和 LVMH 有过接触，LVMH 旗下化妆品子公司 Kendo 和蕾哈娜签约生产美妆品牌 Fenty Beauty。

不论是因为推出了全面解决了所有肤色粉底需求的产品，还是 Rihanna 本人的号召力，总之 Fenty Beauty 大获成功，品牌吸引了 630 万粉丝。Fenty Beauty 的产品改变了消费者对化妆品的要求，由此被《时代》杂志评为 2017 年 25 项最佳发明之一。

在 2019 年 1 月公布集团年度业绩报告时，LVMH 主席和控股股东阿诺特表示 Fenty Beauty 获得了非凡成功，2018 年的销售额达到近 5 亿欧元。

与此同时，LVMH 也未放弃对顶级奢侈品品牌的持续收购。毕竟如文章在一开始提到的，这些品牌日积月累形成的文化势能是不可替代的，而 LVMH 需要这些不断强化自己对于顶级奢侈品的掌控力。

其实无论消费人群如何变化，具有文化底蕴的奢侈品品牌仍旧具有强大的势能，这是因为当一批人对于生活品质的追求到达一定层级之后，他们会自然而然地将选择迁移到这些奢侈品品牌上来，奢侈品品牌昂贵价格的背后离不开品牌对于品质的坚持。

04 _

收购之外，投资动作也相当频繁

除了收购之外，LVMH 也设立了私募基金，通过投资的形式来完成领域布局或资源获取。对于那些有高成长性的新兴领域或品牌，投资是比收购更能降低经营风险，对于企业来说是更加经济的布局方式。

目前市场上有三只基金和 LVMH 相关，具体如下所示。

L Capital：总部位于巴黎的 LCaptial 成立于 2001 年，单笔投资金额在 1 500 万欧元到 6 000 万欧元之间，目前持有包括

Pepe Jeans 和意大利餐饮集团 Cigierre 在内的多家公司的股权。2009 年，L Capital 又在亚洲成立了独立的投资基金 L Capital Asia。在第二期基金中，LVMH 出资比例仅占 10%。

LCatterton：L Catterton 是全球最大的消费品投资公司，是由成立于 1989 年的美国私募公司 Catterton 与 L Capital 公司在 2016 年年初合并成立的。L Catterton 60% 的股份由 L Capital 和 Catterton 的现有合伙人联合持有，其余 40% 则由 LVMH 及其第一大股东阿诺特掌控的家族控股公司 Arnault Groupe 持有。L Catterton 几乎是全球最大的健身投资公司，投资了全美各健身细分领域的头部公司，包括 ClassPass、Equinox、Peloton、Sky-Wheel、PureBarre 等，并收购了南美第二大健身俱乐部 Body-tech。

LVMH Luxury Ventures：2017 年 2 月，LVMH 设立针对新锐奢侈品品牌的专门投资机构 LVMH Luxury Ventures，该基金首期规模为 5 000 万欧元，侧重于布局未来的新锐奢侈品品牌，保持 LVMH 在奢侈品领域的领先地位。LVMH Luxury Ventures 是 LVMH 集团内的投资平台，也可以看成是一个新兴奢侈品品牌孵化器。

16
第十六章

7-11: 便利店之王的零售逻辑

终于，便利店等到了快速发展的风口。互联网巨头纷纷入局，阿里、京东、苏宁或自建、或整合，比如京东在 2017 年就表示要在五年开百万家便利店。资本也瞄准了这个赛道，私募机构近几年对便利店频繁投资，从红杉投资 Today 便利店、爱鲜蜂、本来便利，再到腾讯、高瓴资本投资便利蜂等。这从侧面说明，便利店业态的快速成长性和拥有较好的前景。

零售业有一种说法，"世上只有两家便利店，7-11 便利店和其他便利店"。据公开报道，北京地区的 7-11 的单店营收平均在 24 000 元/天，是其他品牌便利店营收的两倍；而在日本，7-11 营业利润以及毛利更是在三大便利店巨头中遥遥领先。

本章试图回答以下几个问题。

1. 为什么资本纷纷下注便利店业态？

2. 全球便利店龙头 7-11 的发展历程与核心优势是什么？

3. 中国便利店创业企业有哪些发展机会？

01 __

便利店＝"时间＋空间＋商品"的便利

便利店作为一种新型的零售业态，起源于美国，与传统零售业态（如传统百货和超市等）相比，便利店业态起步相对较晚。

当超市发展走向大型化和郊外化后，给购物者带来了诸多不便，此时经济发展到一定阶段，一部分消费者对品质要求高、购物目的性强、时间成本高，由此市场才逐渐分化出来便利店这种新的零售业态。

便利店的特征主要有四个，即贴近社区、体量小、价格高和营业时间长。

第一，距离商圈或居民区近，满足顾客的即时需求（临时性、少量性、即时性）。

第二，体量小，100 平方米左右，SKU 在 3 000 种左右，以售卖食品为主。

第三，产品销售价格比一般超市高。

第四，便利店的营业时间都较长，一般在 16～24 小时之间。

以日本为例，截至 2016 年，日本共有 55 636 家便利店，销售额总计 7 096 亿元，便利店与超市销售额的占比分别为 47%和 53%。

日本的便利店品牌高度集中，从门店数上看，四大品牌（7-11、罗森、全家、OK 便利店）占据了 86%的市场份额；从销售额上看，四大品牌占据了 85%的市场份额。

02 __

快速增长的便利店市场

从全球零售行业的发展趋势上看，随着人均 GDP 的增加、老龄化人口上升、单身者和双职工家庭数量增加、生活和工作节奏加快导致消费时间碎片化，布局于城市中的小型零售业态——便利店将成为顺应消费者需求变化的主流业态。

简单来说，人均 GDP 增长、城镇化率提高、单身率增加和节奏快等因素是便利店市场快速增长的主要原因。

发达国家的便利店零售额占全部零售业销售额的比重稳步上升，日本和英国 2017 年的比重都超过 8%（中国 2017 年的比重仅为 0.73%）。

人均 GDP 与便利店的生命周期密切相关。当人均 GDP 达到 3 000 美元时，为便利店的导入期，1973 年日本人均 GDP 首次突破 3 000 美元，7-11、罗森纷纷进入日本，全家和迷你岛也在日本成立；当人均 GDP 达到 5 000 美元时，则为便利店的快速成长期；当人均 GDP 达到 10 000 美元时，则为激烈竞争期；人均 GDP 达到 15 000~25000 美元时，便利店行业在销售额继续增长的同时，实现集中度的提升。

中国便利店规模在零售行业中占比较低。2016 年日本便利店和超市销售额的比值为 1∶1，而中国便利店和超市销售额的比值为 1∶9。另外，发达国家一个便利店辐射 2 000~2 500 人，目前中国一个便利店辐射约 13 000 人。

从这两组对比数据来看，中国便利店行业可能会出现井喷式增长。

接下来，我们来看中国便利店的发展过程。

1992 年，7-11 进驻深圳。

2004 年，中国人均 GDP 达到 1 509 美元，全家进驻上海、7-11 进驻北京。

2011 年，中国人均 GDP 超过 5 000 美元，便利店个数迅速增长。

2016 年，中国人均 GDP 超过 8 000 美元，便利店个数超过 40 000 家，便利店行业进入快速增长期。

便利店的发展还与城市化率有较大的关联度，中国城市化率的增加也将促进便利店业态的生长。便利店的辐射范围大约为 500 米，布局在消费者 5 分钟可到达的区域内，一线城市消费者定期采购频次少，光顾便利店频次多。

中国消费升级、人口结构变迁催生的便利需求也有利于便利店业态的发展。由于收入水平的提升，人们逐渐淡化对价格的敏感度，对品质和便利需求的要求提升；"90 后"消费群体崛起，年轻群体生活节奏加快；便利店贴近消费者，具有更好迎合年轻消费者需求的特点。

2018 年，中国便利店行业销售额为 2 264 亿元，同比增长19%，便利店门店数量为 12 万家，同比增长 14%。

03 __

便利店龙头 7-11

7-11 初创于美国，发展于日本，目前覆盖四大洲 20 多个国家。

20 世纪 70 年代，时任日本伊藤洋华堂董事的铃木敏文在美国出差考察时，意外地发现了一家名为 7-11 的小店。他敏锐地察觉到便利店这一处于萌芽期的零售业态在日本发展的潜力，于是说服伊藤洋华堂从 7-11 的母公司——美国南方公司获得其在日本经营的授权。

1974 年，日本第一家 7-11 便利店在东京都江东区开门营业，此后快速扩张，短短两年时间便开了 100 家门店。

与此同时，美国南方公司却因为经营不善陷入窘境。2005年，7-11 日本公司入股美国南方公司，将其变成自己的控股子公司，并凭借着远超母公司伊藤洋华堂、崇光·西武百货的业绩，与后两者联合成立柒和伊控股公司。

1. 采取加盟模式，密集布局，达到规模效应

具有较强市场倍增力的日系便利店公司大多采用加盟连锁经营模式。

7-11 的加盟模式主要有 A 类和 C 类。A 类加盟（又称特许加盟）是指加盟商拥有自有物业，7-11 支持原有店铺的改造；C 类加盟（又称委托加盟）是指加盟商没有自己的物业，由 7-11 负责提供合适的选址。此外，7-11 还有一部分非加盟类直营店，由总部直接管理。

7-11 主要采取特许经营模式，是指企业以特许权模式向市场扩张，以规范化的管理方式、独具特色的经营技术以及已经名牌化的品牌，通过转让和受让占领市场。

特许经营模式让 7-11 实现了密集布局战略，不仅有利于提高店铺在区域内的知名度，还可以提高总部对加盟店服务质量的管理，同时使店铺实现小批量进货，提高总部的配送效益。

截至 2017 年 3 月，日本共有 19 423 家 7-11 门店，远超罗森和全家。7-11 平均每年新开店 1 600 家左右，呈逐渐上升趋势，罗森平均每年新开店 1 100 家，全家平均每年新开店 900 家。

2. 高效供应链=特色物流+高科技信息系统

典型的 7-11 便利店非常小，场地面积平均仅有 100 平方

米左右，通常不设储存场所，但提供的日常生活用品高达 3 000 多种，因此需要高频配送和高效物流模式。

7-11 的配送堪称行业的标杆，公司先后经历了"单个批发商阶段""集约化配送阶段"以及"共同配送"三个阶段。

早期日本的 7-11 便利店都有自己特定的批发商，每个批发商也只代理一家生产商，这个阶段为"单个批发商阶段"。

随着 7-11 的快速发展，这种分散化的配送方式不能满足其发展的需要。7-11 与批发商及生产商商议，在特定区域由一家供应商统一配送同类产品，集中向 7-11 配送，这种方式就被称为"集约化配送"。这种配送方式减少了配送环节，节省了大量的物流成本。

目前，7-11 用的配送方式被称为"共同配送"。这种方式和"集约化配送"最大的区别就是由自己的配送中心取代了特定供应商，由不同区域的配送中心统一进货、统一配送。

配送中心与 7-11 店面及不同的供应商相连，及时了解店面的库存情况及销售情况，以便及时向供应商进货。为了保持食品的新鲜和供货的及时性，在"共同配置中心"系统中，7-11 细分了不同品类、不同频率以及不同时段的配送。比如，不同的食品会采用不同的冷藏方式和方法配送。

高科技的信息系统也是 7-11 重要的成功秘诀。早在 1978 年，7-11 就开始建设信息系统，此后历经五次信息系统的再建过程。

通过其发达的信息系统，借助于卫星通信，7-11 可以对商品的订货情况进行细分，对店铺给予积极的指导，而且能分时段对商品进行管理，真正做到了单品管理。

7-11 独具特色的"共同配送"模式以及经历多次变革的信息系统，共同构成了其高效的供应链体系，成功削减了相当于商品原价10%的物流费用。

由于高效、精细化的物流模式，7-11 的营业利润以及毛利在业内遥遥领先。2017 财年，其营业利润为 2 435 亿日元，是罗森的三倍、全家的四倍。

3. 差异化经营、自有品牌开发

便利店主营的商品主要分为加工食品、快餐类、日配食品以及非食品。根据 2017 财年便利店商品销售结构调查发现，7-11、罗森和全家三大便利店对商品的着重点不同。7-11 售卖快餐比例为30%，大于罗森的25%以及全家的6%。而快餐鲜食正是便利店中毛利最高的产品品类。7-11 还开发自有品牌，利用集团公司实现规模经济效应。

2007 年 5 月，7-11 推出自有品牌 Seven Premium。Seven Premium 的显著特征是：质量与其他品牌相当或者更好，价格更低，给公司创造的毛利更高。之后，7-11 还推出定位更高的自有品牌 Seven Gold 以及 Seven Lifestyle。

从 2013 年 1 月起，7-11 开始销售 SEVEN 咖啡，并在 9 月完成产品在所有门店的进驻工作。它以"更充裕、优质的时间"为理念，使用独家的自助式专用机器为顾客提供优质咖啡（见图 16-1）。

7-Gold部分产品	7-Premium部分产品

图 16-1 Seven Gold 和 Seven Premium 的部分产品

4. 便民服务，扩展业务

7-11 的官网上写着："7-11 是便利的商店"。

便利店并不只是售卖商品的店铺，更是为了让顾客生活上得到便利。7-11 利用店铺网络之便，扩展八大项 24 小时便民服务。

比如，许多顾客在接受问卷调查时提出"希望能在便利店里增设 ATM"，7-11 便在 2001 年设立"IY BANK 银行股份有限公司（即 SEVEN 银行）"，这并非外界所强烈质疑的"便利店进军银行业"，而是意在让 7-11 便利店获得安装 ATM 的资格。

目前，日本国内共有 23 353 台 ATM 机分布在便利店、火车站和机场，为顾客提供 24 小时便捷存取款以及换取外汇等服务。

在日本市场，7-11 单店日均销售额长期高出竞争者 10 000 元以上，保持着绝对的领先优势，这得益于以下几点。

第一，7-11 坚持市场集中策略，在人口密度最高的东京、大阪等城市拥有最密集的店铺网络。

第二，7-11 追求产品质量的精益求精，每周引进新商品种类约 100 个，每年商品更替率达到 70%，正如上文所述，更推出自有品牌 7-Premium、7-Gold。

第三，对新开店铺从店址选择、商品选择（总部推荐 4 800 余种）、营销投入（显著高于同业）都有着严格要求，总部对每家店派遣经营顾问（Operation Field Consultants，OFC）进行指导，对于达不到日均销售额目标的店铺，予以关闭。

04 __

中国便利店行业分析

目前，中国的便利店发展仍处于快速发展期，因此便利店的品牌也较多（超过 260 个），集中度也相对较低，前十大便利店品牌占比仅为 58.5%，而日本前三大便利店品牌（7-11、全家和罗森）的市场占比超过 77%。

从 7-11 的发展史我们也能看出，便利店是一门规模效应明显的生意，要先将某个地方市场打透，才能进行大规模复制推广，做出全国性品牌。

单点突破后再做全国布局，这使得便利店业态的盈利周期也较长。全家 2004 年进入上海，2013 年开始盈利，培育期 10 年左右，期间店铺数量从 25 家增长到 792 家。再看看国外市场，全家 1993 年进入泰国，2009 年开始盈利，培育期长达 17 年。由此可见，即使在资本的助推下，中国便利店创业企业想在短期内获得盈利也是非常困难的。

2016 年，中国便利店日均销售额为 3 714 元，与外资便利店相比有很大差距，7-11 和罗森在日本本土的单店日均销售额突破 30000 元。对比来看，中国便利店毛利率低于 20% 的企业占 50%，12% 的企业在亏损。

1. 内资加盟率低，加盟机制不完善

在中国连锁经营协会与波士顿咨询公司调查中国 40 家便利店企业后联合发布的《2017 中国便利店发展报告》中显示，中国便利店加盟比例为 50%，且样本企业中 30% 未开放加盟。对比来看，日资便利店 7-11、全家、罗森等加盟比例都超过 90%。

即使是开放加盟的内资便利店，也难以做到外资便利店那样的标准化程度。加盟店店主经营的自由度很高，店与店外观看似一样，但是走进去看到的产品陈列可能完全不同，这样的便利店更像是传统杂货店的升级版，在标准化方面还有很大提升空间。

2. 生鲜等食品占比低，自有品牌占比低

主要布局于上海的全家，提供多种饭团、便当，成为白领

的第二食堂。罗森的自制甜品是其特色，还有自制冰淇淋、烘焙面包、蛋糕等。

自有品牌可以打造个性化鲜食标签，实现差异化竞争，提高便利店利润。中国便利店企业拥有自有品牌的数量占85%，但是大多数（63%）自有品牌产品的销售占比仅为10%，平均为8%，而日本则为50%。

中国接近一半的便利店中，生鲜及半加工食品销售额占比小于10%，平均值仅为15%，而日本则超过30%。

3. 处于发展阶段早期，盈利能力低

2016年中国便利店日均销售额为3 714元，相比2015年增长4%，增长幅度不大，与外资便利店相比还有很大差距。红旗连锁单店日均销售额为6 405元，7-11在日本本土的单店日均销售额突破40 000元，是红旗连锁的6倍，是所有样本均值的9倍。其主要原因是中国国内便利店发展的时间并不长，还处于成长期。从20世纪90年代7-11进入深圳算起，中国便利店业态发展至今约27年，并且从2011年起中国人均GDP才超过5 000美元，行业进入快速成长期，但还未发展成熟。

4. 展望与建议

（1）**增加鲜食**。日本传统便利店提供的商品主要为食物。以7-11为例，快餐速食已经成为其商品销售额和毛利的最大组成部分，销售占比已达到42.9%，而毛利率贡献也达到

46.6%，总体食品类销售额和毛利率占比均超过 90%。

相比之下，中国本土的便利店主要的商品品类为加工食品和非食品类日常杂货商品，对于快餐速食、生鲜以及食物半成品的涉足较少。截至 2018 年，中国仍有接近 35% 的便利店企业快餐速食销售额占比不足 10%，生鲜及半成品的销售额占比低于 20%，高达 45% 的便利店生鲜和半成品产品销售占比不足 10%。

（2）增加自有品牌研发。目前，中国便利店市场内有超过 80% 的企业自有品牌产品销售额占比不足 10%，仅有 8% 的企业在此项业务上达到了 30% 以上的销售贡献，这个水平远低于日本便利店市场自有品牌产品销售份额。

便利店自有品牌产品的销售提升也利于毛利率和净利率的提升，同时高品质的自营商品可以提高品牌的商誉和知名度。

发展自有品牌不仅可以通过售卖质优价廉的商品形成价格优势，节约生产中间环节的交易和流通成本，降低渠道费用；同时便利店作为消费者接触的最终环节，相比厂商更容易把握市场中的消费需求，自有品牌的生产可以更快地做出反应，更具针对性。此外，个性化的自有品牌产品还可以打造差异化的竞争优势，体现品牌特色，使得便利店拥有主动权。

（3）便民服务/增值服务。便利店与其他零售业态相比的特点之一是便利，便利店并不只是售卖商品，更是为了让顾客生活上得到便利，同时增强客户黏性。

国内外便利店都提供种类繁多的便民服务，包括传统便民服务，充值类、生活缴费类、票务类以及金融服务。

7-11 为了满足顾客"希望能在便利店里增设 ATM"的要求，在 2001 年设立了 SEVEN 银行；罗森、全家等便利店目前也提供 ATM 服务；红旗连锁提供水电费缴费、公交卡充值、游乐园门票等 60 多项便民服务；美宜佳提供宽带缴费、游戏充值、代收代寄包裹等 18 项便民服务；唐久便利店还提供送货上门服务。

总结来说，建议国内便利店短期发展战略是：重塑商品结构，提高食品比重，尤其是鲜食比例；增加自有品牌数量；提供多样化便民服务，经营好会员，增加客户黏性。中期发展战略是：借力互联网，发展网络零售，增加消费频次；结合当地特色，开发自有品牌；完善加盟管理模式，多提供总部培训支持，实现标准化运营；提高供应链效率。长期发展战略是：可以通过开发 IT 系统，进行需求预测数字化尝试，实现精准营销；提高配送管理效率，进一步提高公司运营效率，提高利润率。

17
第十七章

NITORI: 打败 MUJI、宜家的狠角色

前文我们已经介绍了很多产品品牌，本章我们来聊一聊渠道品牌。

作为一个零售渠道，首要任务就是为消费者提供更加丰富、更加便宜的优质商品，如何更高效地完成这项任务影响了整个渠道品类形态的演变。从最早的集市到百货商店，再到超市、大卖场以及各类垂直细分领域专卖店（家居、服饰、杂货），都在遵循着效率提升的路径。

品类分化的同时，PB（private label）——自有品牌商品成为各个零售渠道的一个重要发展方向，直接原因是 PB 产品有更高的利润率。

我们在绝大部分超市都能看到超市自家品牌的商品（往往价格比同类产品低不少），有一部分超市的 PB 产品占比超过了一半，比如 Aldi、Costco；甚至有一部分超市 90% 以上都是 PB 产品，比如美国坪效第一的超市——Trader Joe's。

那么多的品种中，哪些可以做 PB 产品？PB 产品占整个品种的比例应是多少？用什么方式来生产及销售它们？企业把这些问题回答好才可能获取更高的利润。毕竟，生产 PB 产品也有风险，外部品牌商的产品可以赊销，PB 产品却得风险自担。

以上这些问题，本章的案例主角——NITORI 绝对有资格回答。

NITORI 是日本最大的家具家居店品牌，与 7–11 便利店、优衣库母公司迅销集团并称为日本三大零售集团。

因为低价、"上新"快、自有物流等优势，NITORI 在日本市场"打败 MUJI、宜家"。更了不起的是，NITORI 的增长穿越了经济周期，成为整个日本证券交易市场上市公司中唯一一个实现连续 32 年营收、利润双增长的公司（其中经历了日本经济泡沫破灭的 20 年）。

本章中，我们不仅会剖析 NITORI 的 PB 产品策略，还会梳理其如何从单纯零售拓展至制造和物流领域，从而为自己筑起更高的护城河。希望给当下面对市场环境急剧变化的中国零售渠道品牌一些参考。

01 __

NITORI 是谁

NITORI 是日本最大的家具家居店品牌，由似鸟邵雄创立于 1972 年。品牌以"将缤纷的居家环境呈现给世界上的每一个人"为愿景，提供极致性价比的家具家居产品。通过搭建全球供应链体系，以及自有的高效物流配送体系，NITORI 实现了家具零售渠道效率的大幅提升，真正做到了"同样品质的东西，只卖 1/2 的价格"（见图 17-1）。

图 17-1　NITORI 门店

公司也实现了快速地成长，连续 32 年营收、利润双增长让其成为日本家具市场占有率第一的企业。

2018 财年，公司共有门店 576 家，实现营收 6 081 亿日元（约合人民币 397 亿元）、利润总额 1081 亿日元、净利润 682 亿日元（约合人民币 44.6 亿元），公司市值高达 1.82 万亿日元（约合人民币 1 200 亿元）。并且这一增长趋势还在持续，公司计划在 2032 年实现全球拥有 3 000 家门店、3 万亿日元销售额的目标（见图 17-2）。

图 17 – 2　NITORI 的 30 年目标

02 __

NITORI 的前世今生

NITORI 从初创至今已有近半个世纪，总体来看，公司的发展可以分为三个阶段，即品牌初创阶段、国内快速发展阶段以及国际化扩张阶段。

1. 品牌初创阶段（1967-1978 年）

NITORI 的前身是创立于 1967 年的似鸟家具店，创始人似鸟邵雄在札幌开了一家 100 平方米左右的家具店，主营日式风格的实木家具。

家具店一开始的经营并不顺利，由于市场竞争激烈、同质化严重，门店不怎么赚钱。情况的转变发生在 1972 年，似鸟邵雄去美国考察学习，发现美国家具家居店的产品丰富，又有着统一的风格，不仅质量好，价格也只有日本当地产品价格的 1/3。"终有一天我也要打造这样的店铺，成为能为用户缤纷的日常生活做贡献的公司。" 这样的愿望在似鸟邵雄心中产生。回到日本后，他就开始调整家具店的经营理念和思路。为了能够拥有更加丰富的产品和更加低廉的价格，似鸟开始尝试直接联系品牌方，通过减少中间代理商的方式实现效率的提升，从 1973 年首次建立起了直采机制，以此为基础，在 1975 年开设了首家主打优质平价的家具家居店。

1978 年，公司改名 "株式会社 NITORI 家具"，NITORI 品牌正式登上历史舞台。

2. 本土快速发展阶段（1979-2006 年）

有了第一家门店的成功尝试，更加坚定了似鸟邵雄的决心。为了进一步提升产品的性价比，似鸟邵雄于 1979 年开始推出自有品牌产品。

为了进一步提升供应链效率，NITORI 在 1986 年首次实现了海外工厂直采模式。凭借周边国家、地区更加便宜的人工、原材料优势，NITORI 进一步确立了自己的价格优势。

　　1987 年，公司在战略上更进一步，收购了 "MARUMITSU
木工" 家具厂，直接介入生产端，并在 1994 年拥有了自己首
个海外工厂。

　　进入 21 世纪，公司在关东地区新建了全日本最大的物流
仓储中心（见图 17 - 3），引入了最先进的 IT 系统和仓储硬
件，为公司的高效周转提供保障。

图 17 - 3　NITORI 的关东物流仓

　　此时，NITORI "生产-物流-零售" 的整个经营模式闭环
完成。伴随着后端供应链、组织体系的优化，前端销售规模也
不断扩大。2002 年，NITORI 完成东京交易所的挂牌上市，并
在第二年完成了公司的第一个 30 年目标——门店数突破 100
家、销售额突破 1 000 亿日元。

3. 多元化门店及国际化扩张（2007 年至今）

　　为了实现第二个 30 年目标，NITORI 开始放眼世界。2007

年，日本本土以外的第一家门店在中国台湾省高雄市开业，同年在中国广东省惠州市建立惠州物流中心。

2008 年，NITORI 的销售额突破 2 000 亿日元，并在 2009 年突破 200 家门店。随着日本地区门店覆盖范围的不断提升，公司开始尝试全新的门店业态，以期望满足更多消费者的需求。

2011 年，公司推出全新"NITORI DECO HOME"门店（见图 17 - 4），主打"每天都能逛的小店"，用以补充原有的大型门店模式的空白。DECO HOME 门店增加了更多日常家居、家饰用品，提升用户的到店消费频次，形成更强的黏性。

图 17 - 4　Deco Home 门店

而面积更大的 NITORI 购物中心则在郊区开店，满足用户一站式购物需求（见图 17 - 5）。通过三种不同形态、不同面积、不同功能门店的协同经营，NITORI 在日本家具家居零售行业的地位得到进一步加强。

图 17 - 5　大型郊区店

　　2013 年，NITORI 实现了开店 300 家、3000 亿日元销售额的成绩，并且开始加速向海外拓展：以"AKI-Home"品牌在美国加州开设了第一家门店；随后在中国武汉开设了第一家中国门店，并将中国市场视为未来的核心市场。

　　2015 年，NITORI 实现了 4 000 亿日元销售额以及 400 家门店的业绩。

　　2018 年，公司年销售额超过 6 000 亿日元、门店数为 574 家，公司股价也创出历史新高，市值达到 1. 82 万亿日元。

03 ＿

NITORI 的成功原因

　　从 MUJI，到名创优品、Nome、ABS，各类家具家居零售品牌快速兴起。对于这个能在日本"打败宜家、打败 MUJI"

的品牌，自然值得仔细研究。下面，我将通过品类、品牌、运营配称来一一解析 NITORI 的成功之道。

1. 选择了家具家居零售的大赛道

整个家具家居行业是日本在第二次世界大战结束后率先恢复的行业。由于经济条件改善、居民购房、装修需求旺盛，以及消费升级带来的消费者对更高品质生活的追求，这些因素共同推动了整个家具家居行业的发展。

从 20 世纪 50 年代起，行业经历了一个快速的增长周期。整个家具行业的市场规模达到 1.8 万亿日元（零售规模推测在 4 万亿日元左右），是一个体量巨大的行业。而 NITORI 便是成立在整个行业快速成长的时代，拥有较好的行业基础。

同时，NITORI 选择的是零售渠道，而不是做单一的产品品牌。众所周知，家具家居领域细分品类复杂、品种众多，能够单独建立品牌的优势品类不多，少数如沙发、床垫品类市场也是竞争激烈。而作为零售渠道，则可以在整个大的零售市场中分得一些份额，天花板相比于单一品类市场更高。

另外，由于品类、品牌众多，零售渠道拥有更强的话语权，面对缺乏产品品牌认知的用户，家具零售渠道更容易建立品牌。

此外，受到美国家具家居行业的启发，似鸟邵雄选择通过整体的家居搭配方式向消费者销售产品，这样做可以把大件家具和日常家居有机结合起来，实现销售额翻倍。

2. 清晰的品牌定位

既然是热门市场，那么一定会有众多的竞争对手，比如宜家以及 MUJI，NITORI 又是如何脱颖而出的呢？答案就是：便宜，极致的性价比。

同样品质的产品，NITORI 的售价只有一般家具零售渠道的 1/2，甚至比同样主打性价比的宜家售卖价格还要便宜 20%~30%。再加上丰富的产品选择、场景搭配，让用户体验到了极致的性价比。

NITORI——质优价廉的家居店，这样的品牌形象通过几十年的打造已经深入人心。同时，随着 20 世纪 90 年代日本房地产泡沫的破灭，日本经济进入漫长的衰退期，家具行业也受到影响。快速下行的经济和居民收入水平让消费者对于平价产品的需求快速提高，而 NITORI 质优价廉、极致性价比的品牌定位恰好满足了这部分人群的需求，业绩反而得到快速增长，市场占有率提升至近 15%，远超欧美同行（美国爱室丽、宜家在欧洲市场的市场占有率一般都在 10% 左右）。

相比于在全球范围内市场表现强势的宜家，NITORI 通过更好的本土化策略，在日本市场取得了完胜——营收规模大约是宜家的七倍。

首先，在产品上，NITORI 更懂得日本消费者的需求，设计了更符合东方人使用习惯的产品。而宜家的产品是全球设计、采购、生产和销售，来自北欧的基因也决定了其产品更加符合欧美人的使用习惯。

其次，NITORI 门店一般为 2 000~4 000 平方米，相比于宜家动辄上万平方米的门店面积，在人口密度高、交通拥挤的日本显然更加合适。

同时，NITORI 通过开设高密度的展店，使得整个仓储、物流配送效率更高，实现了更低的产品成本，相比于宜家更有价格优势。

3. 独特的商业模式

为了实现"给消费者批发商一样的低价"这一极致性价比的定位，NITORI 设计了一套不同以往的商业模式——NITO-RI 在被称为"制造零售业"的原有商业模式上附加了物流功能。极力削减从商品开发、原材料采购到制造、物流、销售的整套流程的中间成本，同时建立了由集团整体开创的新型商业模式"制造物流零售业"（见图 17 - 6）。

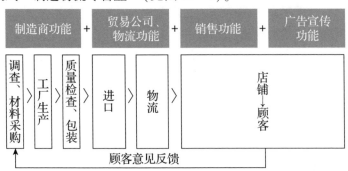

图 17 - 6　NITORI 的商业模式

为了使这一套模式能够高效、稳定地运转，NITORI 不断调整自身的组织结构，以促使各个业务环节之间既独立进化又相互协同。NITORI 在 2010 年设立了控股公司——NITORI Holding，然后将各个具体业务板块拆分，成立独立的公司，再由控股公司全资收购，形成一个相互独立又有机协同的机制。全球各地的销售公司在制造、物流、广告、服务公司的全力支持下，能够向用户提供质优价廉的商品，同时传递极致性价比的品牌定位。

4. 坚实的运营配称

清晰的定位和独特的商业模式，也需要有坚实的运营配称来夯实；NITORI 通过半个多世纪的努力，不断加强自身的运营效率，打造了一套完善、高效的运营配称体系。具体来说，有以下几点。

（1）**搭配丰富且满足用户质量需求的产品组合**。NITORI 整个商业流程的开始是从用户端出发的，调研和分析用户对商品的需求。商品部的员工会前往世界各地了解流行趋势，并结合用户的真实需求开发出舒适、独特的产品。同时，为了满足整体搭配的需求，商品部还会考虑花色、面料、材质等方面，以实现风格统一。

另外，NITORI 并不生产极致品质的产品，而是追求以用户满意的产品质量前提下的最低价格；不追求极致设计，而是要让产品以更多的功能性满足用户日常生活的实际需求，并能够与其他产品的统一搭配。所以，NITORI 的产品既不像高档家具那样奢华，也不像 MUJI 那么有设计感，给人朴实、好用的整体印象（见图 17 - 7）。

图 17 - 7　强调整体搭配的 NITORI 产品

而且，NITORI 在产品分布和更新上也有一套自己的办法。

首先，NITORI 门店中 90% 的商品都是 PB 产品，但依然保留 10% 的市场上其他渠道也有的热销产品，只不过在价格上更具优势。

其次，90% 的自有品牌产品里面又有 40% 是简单的 OEM 贴牌产品，产品和市场其他品牌类似，只是简单换了一个包装、颜色。完全自己进行开发、生产的产品大概占到 50%。这么做的好处是可以通过 10% 的市场热销产品，进一步了解市场和用户需求，进而进行贴牌生产（这时候毛利大概能提升 10% 左右）；如果发现这个产品是真的有潜力，再进行深度研发，推出完全差异化的 PB 产品（这时候毛利能再提升 10%）。

NITORI 另外一个非常规的产品策略是：在每年产品更新

时，率先替换最好卖的产品。

在 NITORI 的门店大概有两万个产品品种，其中 20% 卖得很好、30% 卖得较差，另外一半是产品与市场平均销售水平持平。NITORI 的做法是每年更新 50% 的产品，选择最好卖和最不好卖的产品，尤其要从最好卖的开始更新。这样做的好处，一方面可以防止竞争对手模仿，导致同质化产品增多；另一方面可以进一步督促产品开发团队，不断进行新品的开发创作，领先于对手。

（2）**市场 1/2 的低廉价格**。渠道销售自有产品的第一特性就是便宜，这也是 NITORI 成功的基础。和一般的市场渠道相比，NITORI 的很多产品售价只有竞争对手的一半，比宜家、MUJI 都要便宜。

NITORI 之所以能够做到极致的低价，这还要从它的整套供应链体系说起。

NITORI 采用反向定价的方式，针对开发的商品先制定一个极具市场竞争力的零售价格，再反向进行采购、生产，并控制物流运输成本，保证在这样低价的情况下公司依然有着良好的利润水平。

第一，原材料全球直采。为了实现优质低价的目标，在原材料采购上，NITORI 选择了跳过中间的贸易商，直接通过自己的员工前往海外展会，进行全球直采。

早在 1989 年，NITORI 从新加坡开始尝试这一直采方式至今，已经在中国、马来西亚、泰国等原材料生产国设立采购网点。

第二，全球化制造生产。从世界各地采购的原材料直接送至符合 NITORI 质量标准的工厂，制成产品。如今，从海外采购的原材料所制成的产品已占售卖产品的 90% 以上。NITORI 在印度尼西亚和越南的两处工厂分别在 1994 年和 2004 年投产，两家工厂作为集团的家具开发和生产基地，负责衣柜、碗柜、餐具柜等商品的生产任务。为了满足今后不断增多的需求，它们正在逐步扩大生产规模。

在自营工厂以外制造时，并非将生产工序完全委托他人，而是向各地派驻员工进行质量管理。除了监督产品质量以外，还指导改善制造工序，所有工作都是为了让顾客安心使用，不断维护和提高产品与生产质量。

此外，为了实现产品上市能以低价销售，削减海外生产商品的进口成本也是 NITORI 重要的经营课题之一。惠州物流中心及上海 Process 中心分别在 2007 年 5 月和 2009 年 12 月相继启动，NITORI 在强化物流效率的同时在亚洲各国开设事务所，辅助日本国内的贸易业务。

第三，智能仓储物流系统。自建仓储物流体系是 NITORI 商业模式的重要一环，一方面由于它能够进一步消减成本、提升效率，另一方面是由于它可以更加快速、灵活地给日本地区以及海外门店及时补货。公司分别在越南的胡志明市以及中国的惠州、上海、太仓建立了全球物流中心，便于将全球生产的产品集中进口到日本。

NITORI 拥有自己的外贸公司，商品进口遇到的申报、许可、批准、签约等复杂手续都由自己把控，在大幅缩短货物进关流程的同时也降低了费用，进而保证商品的价格优势。

在日本国内，NITORI 拥有关东、关西两处日本最大的物流配送中心，负责将全球产品分发、配送到各个门店。

除了硬件方面的配置，NITORI 也开发出一套自己的 IT 系统来提高效率、降低成本。自 1980 年引入行业内首座自动立体仓库以来，NITORI 不断钻研软件方面的技术，构建自身的库存管理和商品稳定供应系统。从海外的收货和运输系统到日本国内店铺的小件配送系统，均由 NITORI 独自开发。

2016 年，NITORI 导入了自动仓库型拣选系统"AutoStore"（见图 17 - 8）。其中，"单据发行系统"只需输入顾客订货内容便可自动确认库存并预约配送，通过连接电子地图发送各种单据。利用这些系统，不仅可以提高效率和降低成本，还能不断积累属于 NITORI 自己的技术。所有这些举措，都有助于实现竞争对手无法跟随的低价策略。

图 17 - 8　NITORI 的自动分拣系统

（3）**与时俱进的销售业态**。最初，NITORI 选择在购物中心开设 2 000~4 000 平方米的中型门店，既能保证用户购买便利，同时能保证陈列足够丰富的家具、家居。正是通过这个差异化的开店策略，让 NITORI 在和宜家的竞争中拔得头筹。

作为与用户直接接触的渠道，NITORI 在门店陈列方面也花费了很大精力。从每件商品的摆设到整个卖场的陈设、布局、通道宽度、照明角度、商品说明及 POP 广告都进行反复验证，在所有的店铺中设计更好的布置方式（见图 17 - 9）。

图 17 - 9　NITORI 商品陈列

NITORI 卖场的最大特点是，根据生活场景搭建和布置，提供给顾客符合自我生活方式的家居布置选择。此外，顾客还可以在样板房中体验房间的整体搭配（见图 17 - 10）。

NITORI 通过这样的开店模式和精致的整体搭配陈列方式，获得了快速发展。但随着在日本国内门店密度的不断提升，公司需要新的业态和模式来补充现有单一的购物中心店模式。于

图 17 - 10　NITORI 商场整体搭配

是，公司在 2007 年开始迈出全球化扩张步伐、在 2008 年推出电商业务、在 2011 年开拓 DECO HOME 小店以及 NITORI MALL 购物中心模式，这些措施丰富了公司的销售模式，市场规模和占有率进一步提升。

通过这种多业态协同模式以及全球化扩张的策略，NITO-RI 的增长动力源源不绝，相信 32 年的持续增长神话还将继续下去。

04 _

NITORI 的启示

回顾 NITORI 的方方面面，带给了我们很多启发，其中最重要的可以归纳为以下几点。

1. 质优价廉是渠道的首要属性

为用户提供满足他们需求的最低价产品一定能获得市场。能实现这样目标的方式有很多种，比如单品大批量采购模式、精选产品后针对特定人群服务的模式或者 NITORI 这样的 PB 产品模式等。

2. 与定位相匹配的商业模式

为实现品牌定位建立起合适的商业模式。作为优质平价的家具家居渠道，NITORI 不会打造堪比奢侈品的极致产品，而是从用户的需求出发，打造品质过硬的低价产品（这一点尤其值得注意，很多失败的商业模式往往是建立在过度服务和对品质过度追求上的），并为达成极致低价的目标打造了从采购、生产、物流到销售的一体化运营配称。

3. 跟随市场不断进化

NITORI 依靠中型购物中心店的模式起家，这样的方式更适合日本国情，也能与宜家等竞争对手实现差异化。但随着市场、用户需求以及公司自身发展阶段的变化，NITORI 不断推出新的模式、业态去适应、补充、革新原有模式。这样才能保证在激烈的竞争环境中不断增长，并通过更大的规模来反哺供应链，不断加强极致性价比的渠道定位。

05 __

中国家居零售市场的机会

可以说，中国家居零售是一个比日本大得多、增长快得多、潜力高得多的市场。但由于中国房地产过去的飞速发展，加上消费者消费理念相对传统，大家花费更多精力和财力在装修上，"重装修、轻装饰"的做法，让 2 万亿元的建材家居市场以建材为主，无论是简一、诺贝尔、欧派、索菲亚这样的产品品牌，还是居然之家、红星美凯龙这样的渠道品牌，都是主打建材产品（比例约为建材 1 万亿元、家具 8 000 亿元、家居 2 000 亿元）。

然而随着房地产市场降温，装修需求大幅下降；同时，随着年轻一代消费理念、审美意识的提升，人们开始更加看重家庭装饰，讲求家具搭配和家居软装。中国家具家居市场规模将获得更快增长，这也是宜家、MUJI、NITORI 都将中国市场视为未来发展的核心市场的重要原因（NITORI 计划到 2032 年在中国开店规模超 1 000 家）。

不过，NITORI 称霸日本的能力却没能有效复制到中国。首先，NITORI 进入中国时间太晚，无论是宜家还是 MUJI 都已经在消费者群体中建立起了一定的品牌知名度，从市场份额和用户心智份额上都已经位于领先地位；其次，NITORI 差异化的开店逻辑似乎在中国也行不通。宜家较早进驻，占据了不少交通便利的位置，MUJI 更是在各大购物中心核心铺位开店，再加上名创优品、NOME 等品牌的小店模式以及中国发达的电商体系，NITORI 能打的牌不多；最后，NITORI 战胜宜家很重要的原因是基于本土化的策略，由于对中国消费者的需求理解存在偏差，NITORI 开发出来的产品不容易打动中国消费者（大部分中国消费者都感觉 NITORI 的门店显得杂乱，产品设计感不足，不过价格确实便宜，功能性也不错）。

所以说，即便有这么多世界级的品牌，中国的本土家居零售渠道品牌依然充满机会。

通过对 NITOR 的深入剖析可以看出，对本国消费者更了解、更适应本国市场的商业模式都将帮助中国品牌走出一条差异化的路线。如果能进一步提升供应链能力，并与时俱进地迭代商业模式，很有可能出现比肩甚至超越 NITORI 和宜家的中国家具家居零售品牌。

18
第十八章

Brandless: 无品牌也能做大的 3 美元店

　　如果将几家成功企业的优势揉在一起，会合成一只独角兽还是四不像呢？

　　在美国电商新品牌 Brandless 身上，你能发现无印良品、拼多多、Costco 等企业的影子。Brandless 是家垂直电商，所有商品无品牌，且统统只要 3 美元，而品质却在同类中处于上层。

　　消费品最容易被感知到的是价格，类似中国的拼多多，Brandless 在不到三年的时间里就占领了 3 亿人的市场。如此快速的渗透证明了：无论在国内还是国外，性价比都是当代消费领域最重要的关键词之一。

　　然而不同于拼多多，Brandless 低价却优质，这代表着其后台具有较高的品控、运营等能力；以高性价比产品/服务获得用户的忠诚，靠会员费而不是零售作为商业模式的打法，也让其成为在由亚马逊独领风骚的美国电商领域跑出的一匹黑马。

更重要的，也是本章将重点探讨的主题——去品牌化。

消费品领域的投资，一直是以品牌力作为一个公司的经营成果的。品牌，意味着完成对消费者心智的占领，意味着高客单价和毛利空间，也意味着更低的营销成本和不可替代的产品忠诚度。

当今这个品牌泛滥的年代，Brandless 却依靠无品牌做大，这很可能暗合了当下消费者对品牌内核的不同需求。

本章剖析了 Brandless 发展的路径，并从以下几方面思考国内创业有哪些可以借鉴。

1. 从低价优质出发，如何倒推出符合自身情况的商业模式？

2. 企业的优势业务能否支撑起会员付费业务？

3. 在新零售时代，品牌的内核发生了怎样的变化？

4. 在中国电商市场能跑出类似 Brandless 这样的黑马吗？

01 __

Brandless 的发展历程和特色

2014 年，由于当前市面上大多数商品的附加值都远远高于商品本身的价值，连续创业者 Sharkey 和 Leffler 共同创办了 Brandless。而直到 2017 年，网站才正式运营。

由于商业模式的新颖，Brandless 在正式运营前就拿到了很多明星投资机构和投资人的投资。

2016 年 11 月，Brandless 获得了来自 Redpoint Ventures（红点资本）的 160 万美元投资，至此 Brandless 已经获得了总共 500 万美元投资，投资方包括 Redpoint Ventures、New Enterprise Associations、Cowboy Ventures 和 Google Ventures 等。

更为大众津津乐道的是，投出阿里的软银孙正义 2018 年给 Brandless 投资 2.4 亿美元，据说就是因为被其 3 美元的模式所吸引。

Brandless 的所有产品都是自有品牌，由美国数十家供应商进行生产加工后直达用户手中；所有商品不带品牌 LOGO、包装极简、配方极简。

2018 年 5 月，公司计划在洛杉矶启动了两个星期的 Pop-up store 项目（一种智能的快闪商店，这种商店可能突然在街头冒出来，持续 3 天至 3 个月，商店会通过摄像头等方式时时刻刻收集消费者数据）。Pop-up store 不卖产品，通过赠送来进行营销，并在此期间宣传健康营养理念。消费者进店可以免费获得 10 种产品，在社交网站上分享#Brandless#则会免费获得三种产品。

2019 年 3 月，Brandless 有超过 500 个 SKU 进行销售。

1. Brandless 的核心特色

（1）极致的性价比，这也是最核心的一个特点。在网上逛 Brandless 可以说毫无心理压力，在这里能找到的商品绝对是"远低于预期"的价格。从化妆品到有机食品，从碗筷到宠物用品，统统 3 美元（后面随着品类的扩张，逐渐增加到了 4 美元、5 美元、9 美元等产品线，到目前为止，最多的商品还是集中在 3 美元，绝大部分不超过 10 美元）。

由于 Brandless 是通过类似直销的方式直接与消费者接触，减少了流通、储存、营销的成本（这些成本被 Brandless 称为品牌税），因此成本很低，可定价区域广。

3 美元买不了吃亏，买不了上当，但就一定便宜没好货了吗？那你可就错怪 Brandless 了，其产品包装虽然简单，品质却完全不同于"地摊货"，可以说品质过硬，且在商品概念上"又潮又科学"。比如，Brandless 所有食品都强调有机、非转基因。再如，Brandless 在家居用品方面很强调环保（可降解），并且通过了美国 EPA 的环保证明。

在 Brandless，连卫生纸都是"Tree Free"（没有用树木成分），而是甘蔗和竹叶制作的，牙膏都是无氟的。

换句话说，作为一个 Brandless 的推崇者，完全不会是一个掉面子的事情，反而可以过上简约、环保、健康的生活方式——这也是美国人现在"最 IN"的生活方式。

（2）精选 SKU，强调包装简洁。Brandless 通过 ODM 反向定制，去掉多余的设计风格，只保留商品最纯粹的功能和品质，主打简约风。

事实上，这种 Brandless 简约风还蛮有辨识度的，比如下图的这种纸包装，配在茶粉、软糖、黄油、大米上完全合适，用颜色区分一下就好了。化妆品也没有小黑瓶、小棕瓶这么高大上的外表，反正就统一规格包装好，最重要的成分和用法大字写上。这种自信就像是在说："你是我家的粉，你就知道我们东西有多好，花里胡哨的包装没有必要。"（见图 18-1）

图 18-1　Brandless 的部分产品

　　Brandless 在挑选产品时聚焦于人们的偏好与需求，形成"what just matters"的选品理念，就产品论产品。比如，挑选棉花，就要有机的；挑选薯片，就要非转基因的。

　　在品类上，Brandless 以家居日用百货为主，每种品类只有一种产品供消费者选择，大大减少了有选择困难症的顾客挑选商品的麻烦。虽然包装简洁，但是该有的全都有，每种产品上贴有简洁的标签，消费者能一目了然产品的名字和特性（比如是否是有机物、是否是转基因等）。

　　在 2017 年 7 月份，Brandless 有 200 种 SKU；至 2018 年年底，Brandless 已有超过 500 个 SKU 上线，覆盖食品、家居、

日化、保健、母婴和宠物，但坚持了每种品类一个 SKU 的原则。

（3）社交裂变。Brandless 始终坚守极致性价比策略，在获客这件事上也一样。它鼓励老客户带新客户，并且承诺老客户拉新之后，当新客户下单时新老两个客户都将获得 6 美元。凭借着完善的客户管理系统，Brandless 可以完美地统计到介绍关系并实现拉新的分佣。

（4）公益属性。消费者注册会员后，Brandless 会捐赠 10 份饭食给 Feeding America 以帮助饥饿的人。此外，会员每消费一次，Brandless 还会捐赠 2 份饭食。

2. Brandless 的商业模式

接下来，我们来进一步讨论一下 Brandless 最核心的特色——性价比。为什么 Brandless 能够实现这一优于其他竞品的竞争力？

其实，这也是 Brandless 名字的由来——去掉品牌税，回归商品价值本身。

Sharkey 在这里提出了品牌税（Brand Tax）的概念，她认为品牌会让消费者支付其高昂的流通费和仓储费，消费品的品牌费用通常会占到销售额的 40%，而化妆品甚至高达 320%（如果没有高复购，很多化妆品的品牌投入都是赔本买卖）。因此，如果去掉这些费用，将钱花在商品本身，将会实现远高于现有商品的性价比。

　　但是，极致性价比真的可以让公司赚到钱吗？这就不得不提到 Brandless 的商业模式了。事实上，Brandless 在零售上几乎不赚钱，而是在会员费上赚钱。本质上是通过建立性价比的信任关系，将用户的忠诚度转化为会员的付费行为。

　　Brandless 的会员价格是每年 36 美元，这个价格基本属于一个任何人都可以接受的范畴。成为 Brandless 的会员具有诸多好处，首先就是商品的折扣。其次，会员消费 48 美元以上就可以免费配送，而非会员则需消费 72 美元以上才能享受免费运送。

　　会员费实际上是一个相当高明的收钱方式，这是由于 Brandless 拥有更多家居日杂品类的特征决定的。

　　一方面，这些小商品的客单价都不高，即便努力在这些商品上做高毛利，也难以"叫得上高价"，反而会面临各种类似竞品的价格挑战。这样一来，与高昂的获客成本相比，整体客单价和毛利率都偏低的日杂商品往往难以表现出色。

　　另一方面，日杂类的商品必须通过多品类的平台才能形成价值，这类小商品实际上很难在单品上做出"爆款"来吸引客户不断购买。除了零食以外，这些商品大多耐用性较强，单品的购买频次不高，必须通过扩大品类的方式，为客户提供一个综合的家居用品采购解决平台，让用户养成时不时就来逛一逛的消费行为。

　　总而言之，零售的逻辑是，用尽量少的价格获客，并且在单次的购买行为中尽量多卖出去高客单价、高毛利的商品从而获利,在零售的商业逻辑中较少强调复购和转介绍的因素。而会员的逻辑是,用产品和服务吸引客户为一个长期的预期付费。在这个过程中,需要公司对客户的复购率和续费率有自信。

这种靠会员费而不是零售作为商业模式的打法,让人不得不联想到同样主打性价比的零售大亨 Costco。同样是强调性价比的产品,在商品上尽可能给客户让利,由此换来忠诚度和复购,进一步在会员费上变现。近年来,Costco 的财务指标只跟会员数量有关,而与商品的销售额、毛利率等关系都不大。

02 __
廉价性价比零售的会员制

廉价会员制零售最典型的案例无疑是 Costco。

Costco 通过会员制,把"享受高性价比商品"这件事本身变成了一种服务,并通过加油、旅行等折扣福利来进一步加深这种服务。所以从本质上来说,Costco 与其说是一个零售公司(零售公司靠价差赚钱),不如说是它一个服务公司(给顾客提供 Costco 高性价比的购买和生活体验)。

具体来说,Costco 的会员分为精英会员、公司会员和黄金会员。如表 18-1 所示,Costco 实行的完全会员制,只有会员才有资格入内购物。

表 18-1　Costco 的会员制

	精英会员	公司会员	黄金会员
年费	$120	$60	$60
福利	1. 一年内消费金额的 2% 返利	1. 加 60 美元可以另外领一张副卡	免费办理一张副卡
	2. 免费办理一张副卡	2. 免费办理一张副卡	
额外福利	使用 Costco 和花旗银行的联名卡还可以		
	加油：4% 回馈		
	旅行餐饮：3% 回馈		
	Costco 消费：2% 回馈		
	其他消费：1% 回馈		

　　黄金会员和公司会员统称为付费会员，付费会员可以再出 60 美元升级为精英会员。付费会员可以利用副卡与家人（大于 18 岁）共享付费会员身份。

　　根据 Costco 的财报，其付费会员结构如表 18-2 所示。

表 18-2　Costco 的付费会员结构

	2018	2017	2016
黄金会员	40 700	38 600	36 800
企业会员	10 900	10 800	10 800
总：付费会员	51 600	49 400	47 600
副卡	42 700	40 900	39 100
总持卡人数	94 300	90 300	86 700

付费会员保持在 54% 左右，所以整体会员结构基本是"一张付费卡+一张副卡"的形式。

除以上显性福利外，Costco 为会员带来的隐性福利才是重点，也就是之前提过的提供"享受高性价比商品"服务。

会员在 Costco 购物可以用较低的价格买到高质量的产品，这由三方面保证。

（1）在制度方面，Costco 内部有两条硬性规定，一是所有商品的毛利率不超过 14%，一旦超过这个数字则需要汇报给 CEO；二是如果外部供应商在别的任何地方定价比 Costco 低，那么它的商品则永远不会再出现在 Costco 的货架上。

（2）在品类方面，Costco 的 SKU 非常低，只有 3 700 左右。也就是说，每个细小的商品品类在 Costco 只有 1~2 种选择，使得 Costco 的库存周期减小到 29.5 天，而沃尔玛的库存周期则有 42 天。这大大降低了库存费用，也使得用户可以相信每一分钱都花在了商品本身，而不是均摊了库存的费用。

（3）在供应链方面，Costco 有 30% 的货物从厂商直接送往门店，有 70% 的货物从厂商送往中心库，极大地减少了分销带来的费用。总体来看，2018 年 Costco 运营费用占总收入（SG&A）的 10.02%，而沃尔玛则是 21.5%，Costco 的 SG&A 远远低于沃尔玛。

Costco 将节省下的费用返利给会员，这种模式使其具有极高的会员续费率，北美地区的会员续费率为 90%，全球的会员续费率为 88%。之所以说 Costco 是一个服务公司而不是一

个零售公司，是因为 Costco 的收入主要来自会员费，表 18-3
是 2018 年 Costco 的产品销售收入。

表 18-3　2018 年 Costco 的产品销售收入

Costco	2016	2017	2018
收入	118 719	129 025	141 576
成本	102 901	111 882	123 152
毛利润	15 818	17 143	18 424
毛利率	13.32%	13.29%	13.01%
会员费收入	2 646	2 853	3 142
毛利润/会员费收入	5.98	6.01	5.86
付费会员人数	47 600	49 400	51 600
毛利润/会员人数	0.33	0.35	0.36

Costco 的低毛利率使其基本不在零售上赚钱，它的毛利润
几乎只与会员数量相关。如表 18-3 所示，毛利润/会员费用
基本维持在 5.9 左右，毛利润/会员数递增的原因是 2017 年
Costco 提高了会员年费。

当然，尽管零售的部分 Costco 不怎么赚钱，但零售的数据
也是很重要的，这反映了用户是否真的会买东西，而只有会员
多买东西，会员卡才真正产生了"性价比"的价值。事实上，
从结果上看，Costco 的销售数据也是领先于同行的，这也侧面
证实了它的商品是"的确有消费者买账"的。

图 18-2 是 2013-2018 年，Costco、Sam's Club、Walmart
U. S. 和 Kroger 的单店销售收入比较。如图所示，Costco 的单

店销售收入最大并且有着明显的上升趋势，Sam's Club 也同样有着类似的上升趋势，而 Walmart U. S. 和 Kroger 单店销售收入处于末尾且没有明显的上升趋势（Costco 每家门店的平均面积为 145 000 平方米，Walmart U. S. 每家门店平均面积为 178 000 平方米，Sam's Club 平均面积为 134 000 平方米，Costco 在门店面积上并无优势）。

从单个店来看，Costco 每家门店平均会员数量均稳步上升（见图 18-2），彰显了 Costco 商业模式的竞争力。

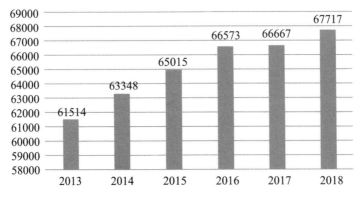

图 18-2　Costco 每家门店平均会员数（2013—2018）

除了 Costco 之外，还有一些做低价、会员制的电商或零售公司，比如 Sam's Club 和 BJ's Wholesales Club。后者以会员制为基础，目前年费会员超过 500 万，并且连续 20 年实现会员数增长。BJ's Wholesales Club 的 Inner Circle® 会员年度会员费为每年 55 美元，BJ 的 Perks Rewards® 会员资格提供额外的增值功能，每年费用为 110 美元。

03 —

在中国有没有类似的公司

我们中国现在是否适合类似的商业模式呢？我找到了几个现有的案例，具体如下所述。

1. 海豚家

海豚家成立三年多，以服务女性用户为核心，秉承着"极致低价，只做正品"的理念，成为会员后即可享受成本价购物，基本是其他电商平台的7~8折。

2. 中百全球商品直销中心

中百全球商品直销中心主打进口商品的销售，综合了"好市多"的会员制模式和"阿尔迪"的折扣廉价模式。消费者入场购物需办理会员卡，且只有升级为白金会员才可享受额外的价格优惠。中百全求商品直销中心所有的商品均通过全球直采和拼柜直采的方式控制商品质量和进价，并通过精简SKU、针对性门店选址与布局等方式降低经营成本，最终向消费者提供"优质低价"的商品。

3. 百恩百特购社

百恩百特购社创始人黄若为原当当网 COO、天猫创始总经理，有近 30 年的零售从业经历。其于 2014 年创办了百恩百特购社，并于 2015 年 3 月正式对外运营。百恩百特购社采用会员买手制模式，为用户提供原装进口的快消品，包括米面粮油、休闲食品、冲调酒水、洗涤日化和冻肉水产五大类目。目前，该网站共有 800 多种商品，下一步计划拓展到 3 000 个商品数。其现有会员数万人，分半年会员和全年会员，均享受特购价格购买在售商品。

事实上，上面的几个例子发展的情况都比较一般，至少没有达到 Costco 的巨头级的成就。

之所以中国没有在线下形成这样一个廉价会员零售公司，我认为有以下几个原因。

第一，中国的互联网时代到移动互联网的时代间隔非常短，以至于电商对于零售的冲击尤其巨大。线下零售在性价比上很难真正凸显优势。

第二，中国有着一个"一家独大"的电商网站——淘宝。这就使得很多独立站难以存活，也直接导致了中国人对于"会员制""订阅制"的忠诚度较低。在淘宝上，低价、折扣等是最具吸引力的手段，常年受到诱惑的"羊毛党"们很难对某一个品牌或者渠道品牌产生忠诚度而去为会员付费。

第三，在深化供应链改革上，中国对上游企业的改造还比较初级，真正在制造端的技术提升和改革还不多，反而是人力成本的提升和产能过剩，在近年来对制造业产生了比较大了冲击。真正具有高性价比的产品还需要更好的生产结构来实现。

04

思考和借鉴意义

Brandless 与现有的精选电商（如网易严选）和线下精品家居连锁（如 Nome）依然有不同之处，最核心的差异在于，Brandless 的商业模式是会员，而后两者的逻辑是零售。

零售的目的是依靠商品的毛利赚钱，所以我们能看到的就是精品电商的商品越来越贵，线下精品家居连锁也越来越强调设计风格（不管是北欧还是日系，"设计师品牌"是它们溢价的来源），并希望以此来兑换成更高的毛利空间。可以说，它们都在性价比的路上越走越远。

具体来说，Brandless 带给我们的启示最主要的在于两个层面。

第一个是关于品牌本身的思考。是不是所有的商品都需要一个传统意义上的"品牌"呢？答案可能是否定的。事实上，家居用品杂物以及小零食之类的具有高复购率、高实用性属性的产品，在包装、营销上下的功夫对于消费者来说其实是不值得的。

过去几十年消费品发展的路径使得品牌营销过度，在激烈竞争的市场上再度掀起性价比的潮流时，消费者会淘汰掉过度依赖营销的高"品牌税"商品，而 Brandless 这样的产品会受到热烈欢迎。当然，我们也可以说 Brandless 本身是一个很好的渠道品牌，把"提供性价比的产品"作为其服务的内容，并以会员费作为商业模式。

第二个是在追求性价比的路上，会员制可能是一个正确的选择。当然，这还有前提：一是必须真正提供了高性价比的服务，二是让消费者意识到这种服务的价值是值得为此长期付费的。前一个条件需要公司在供应链端做更深化的改革。近年来我们看到名创优品、Nome 等精品家居线下店的兴起，其实就是吃到了这一波供应链升级和规模化的红利。由于家具产品的体验感强的特征，线下最优先吃到了红利，而现在这一波红利也正在逐渐延展至线上。要满足后一个条件可能是更难的，这需要等待中国消费者的消费习惯进一步的改变。

因此，必须通过市场培育，等大家逐渐意识到短期付出的会员费在长期能得到更多的价值，可能大规模推广会员制的时机才能到来。这也要求新的创业公司在会员费的设置、收取方式、转介绍激励方式等层面，为如何缔造这份价值感做更多的思考。